**图书在版编目（CIP）数据**

毛泽东手书真迹 / 杨宪金编 .—北京：西苑出版社，1998.9
ISBN 978-7-80108-144-5

Ⅰ. 毛…　Ⅱ. 杨…　Ⅲ. 毛泽东著作—手稿—影印本　Ⅳ. A45

中国版本图书馆 CIP 数据核字（98）第 23853 号

# 毛泽东手书真迹

主编　杨宪金
策划　荟品堂藏书
出版发行　西苑出版社
地址　北京市海淀区阜石路十五号
邮编　一〇〇一四三
电话　八八六二四九七一
网址　www.xycbs.com
印刷　杭州名典古籍印务有限公司
印张　一四六点七五
版次　二〇一五年四月第二版第一次印刷
定价　二九六〇元（一函六册）

ISBN 978-7-80108-144-5

毛泽东手书真迹

杨宪金 编

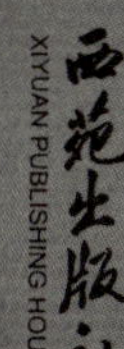

西苑出版社
XIYUAN PUBLISHING HOUSE

# 修订前言

毛泽东在奋斗求索一生中的墨迹与中国传统文化融为一体，承载了二十世纪中国历史的丰富内容。毛泽东的手书既是一部思想史、革命史，也是一份弥足珍贵的艺术珍品。为弘扬毛泽东书法艺术，西苑出版社于 1997 年 7 月出版发行由中南海画册编辑委员会主任、西苑出版社时任社长总编辑杨宪金所编的《毛泽东手书真迹》，深受社会各界的好评与关注，已五次印刷，发行数万套。近几年学临毛泽东书法的爱好者全国已有近百万人，为满足毛泽东书法爱好者的需求，杨宪金先生根据毛泽东书法爱好者的要求，对该书的部分内容进行了充实调整，并对毛泽东书法的起源、执笔、用笔、墨法、章法、题款、钤印、赏析、临摹、创作做了详细的诠释，这对毛泽东书法爱好者的学习大有指导意义。

该修订版由中国毛泽东诗词研究会书法艺术研究分会审阅，采用善品堂定制的安徽泾县手工宣纸印刷，古法手工线装，一函六册，限量编号发行，愿修订版对读者能有所助益。

杨宪金

二〇一五年四月于京西

毛澤東手書真迹

修订前言　一

出版说明　二

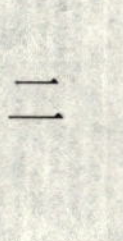

# 出版说明

毛泽东在奋斗求索一生中的墨迹与中华传统文化融为一体，承载了二十世纪中国历史的丰富内容。毛泽东的手书，既是一部思想史、革命史，也是一份弥足珍贵的艺术珍品。

编辑出版《毛泽东手书真迹》旨在从一个重要的侧面，重现中国二十世纪的风云历程，领略一代伟人独具特色的书法魅力。

本书收入毛泽东手书真迹五百七十九幅一千零六十九页珍贵墨迹，又以手书内容分为书信、文稿、题词题字、自作诗词、手书古诗文五部分，各部分以时间为序，以展现毛泽东书法艺术的发展脉络。

本书还就毛泽东的书法起源、执笔、用笔方法、稿纸选择、墨法、章法、题款、印章和如何赏析、临摹做了简明扼要的介绍。这对于毛泽东书法爱好者的学习是大有指导意义的。

西苑出版社

二〇〇三年三月

## 主编简介

杨宪金，祖籍山东肥城，自幼受齐鲁文化的陶冶，酷爱古典诗词与诸子散文。二十世纪六十年代进入中南海之后，受到党和国家领导人中一大批诗人与书画家的影响及中南海珍藏书画精品的熏陶，对书画艺术情有独钟。在书山画海中，沿着传统为基、帖学为本的书写道路，习学之初效法二王，墨池浩笔，勤勉有加，继之苦研米芾、王铎、傅山等碑帖数十年，潜心磨砺，博采众长，创造出风樯阵马、笔走龙蛇、

气势恢宏的艺术风格，赢得了诸多名家及社会各界的赞叹。作品渗透着『二王』之精髓，中南海、齐鲁文化之儒雅，多次参加国内外展览并获奖，举行个展，出版《杨宪金书法集》《杨宪金咏泰山诗联书法集》《杨宪金诗联画意书法集》《杨宪金咏纪晓岚诗联书法集》等多部专著。入选数十部书画集，被中南海、毛主席纪念堂、大会堂、毛泽东图书馆及有关艺术馆、博物馆等多家单位收藏。二十世纪八十年代从事出版工作以来，潜心研究书法艺术理论，策划、主编、编著了《中南海珍藏画集》等二百多种书画艺术图书，得到专家学者首肯。所编图书多次被党和国家领导人作为礼品馈赠国内外友人。此外，为弘扬书画艺术，多次撰写文章，策划组织毛泽东专题片、书画笔会、展览及社会活动，其业绩和

艺术成就编入《中国专家辞典》，被收录文化部文化艺术人才中心高级人才库，被人力资源部和社会保障部职业技能鉴定中心评为国家职业技能鉴定考评员——书法师。

历任中央办公厅警卫局科长（师级），西苑出版社社长、总编辑（编审），中央办公厅电子科技学院督导员（编审）。现任中南海画册编辑委员会主任，中国环保新闻文化艺术委员会主任，中国水墨艺术研究院院长，中国毛泽东诗词研究会书法艺术研究分会驻会副会长，中国楹联学会书法艺术委员会常务副主任，中国民间文艺家协会会员，中国大众文学学会理事。

# 毛泽东书法艺术指要

## 引言

艺术既是一种创作又是一种消遣，一个人在工作之余，明堂净几，铺纸濡笔写上几个字，实际上是一件很快活的事，假如对书法艺术产生了浓厚的兴趣，他便会在甘苦中尝到无穷的滋味，并乐此不疲终老而不以为倦，或许书法艺术的最大功利莫过于此。因此从某种意义上来说，书法艺术既是一种严肃的创作活动又是一种业余消遣，其严肃性就表现在它必须具备理法和功力，其趣味性就表现在它又可抒情和写意，书法艺术的最高境界是心手相忘的圆熟境界，也就是一种从心所欲不逾矩

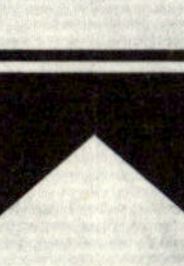

的自由王国的境界，任何一个书者要获得创作自由，首先要经过严格的传统技巧训练，书法中的神采、气韵、性情、意蕴、风格等与笔墨技巧有着极其密切的关系。因此，技巧的研究对每一个有志于书法艺术的人来说，都是必须认真对待的。

毛泽东不仅是伟大的政治家、军事家、思想家，而他在诗词书法上的伟大天赋和成就也是纵贯古今，仅就书法而言，布局美妙，疏密有间，参差错落，乐舞翩翩，凤翔龙腾，意境万千，锋钢若剑，柔韧缘牵，断续枯润，功透笔端，笔随情意，收展飞天，豪放流畅，潇洒游仙，转折连书，节奏悠闲，行草从心，未失规模，秀比羲献，意超狂颠，浑然一体，珠玑满篇，海天胸阔，生气盎然，笔蕴辩证，书传人间，继承创新、神韵超凡。总之，毛泽东书法之美宛若无言而有诗篇之意蕴，无动而有舞蹈之神形，无色而有绘画的斑斓，无声而有音乐的旋律。

纵览毛泽东草书的妙趣未必能一目了然，历险至深者始见奇观。草书之奇伟瑰丽不在其表，一般说来，我们观毛泽东一幅草书作品的过程是这样的，首先宏观，欣赏全幅的整体气势，领略总的印象，然后中观推敲全幅的结构美、章法美，最后微观品味全幅用笔美、点划美、意境美，自远而近，由快渐慢，三者相辅相成，不可或缺。而欣赏毛泽东书法从五个方面着手：

1. 欣赏线条之美，书法是线条艺术。书法的线条尤其草书的线条更具有明显的特点，它不仅有形态上的区别、方向上的不同，而且还有疾缓、润燥、扁圆、质感、力度等多方面的差异。毛泽东草书的线条千奇百怪，变化莫测，最能表现出他微妙的内心感受。

2.欣赏结构之美

对结构的欣赏，一般的理解常常是结构是否整齐，是否符合于平衡对称的要求，实不尽然。平衡对称固然是一个基本要求，但结构美更注重平衡对称中又有变化而且变化是否有所创新不落俗套。毛泽东的草书艺术结构既合乎平衡对称，各部分对比照应又有长短、大小、阔狭、疏密、横直，种种富有新意的变化，从而形成了一个多样统一的和谐。毛泽东草书的不同形态，有稳重敦实，又开张游走，有刚劲挺拔，有婀娜飞逸，有点以险绝取胜，也有的于平正中见奇姿。毛泽东草书结构美正是通过基本的线条（粗、细、长、短、俯、仰、伸、缩）和偏旁的（上、下、高、低、宽、窄、欹、正）配置得当而取得的艺术效果，这种搭配的技巧展现了毛泽东书法的结构美。

3.欣赏章法之美

章法就是一幅作品字与字、行与行之间是否疏密得当，大小相宜。一幅章法讲究的草书作品，则能表现顾盼有情、精神飞动、通篇贯气的艺术效果。知书者，观章见阵。章即章法，是书法的基本要求，阵是布白，即线条以外的空白之外。就章法而言，一点乃一字之规，一字乃终篇之佳，通篇结构，引领管带，首尾相应，一气呵成，布白则是翰墨尘点的反衬，构成整幅作品的有机组成部分，巧妙的布白能使通篇产生游龙出水、云烟飘动的效果，毛泽东在《忆秦娥·娄山关》条幅中，不仅线条结构有所创新，还有意识地运用，错落有致的章法、布白更具匠心。

4.欣赏墨韵之美

毛泽东书法艺术主要以水墨线条表现其美，一幅作品有无神采要看运墨是否灵活，即整行全篇墨色之浓淡、轻重、枯润、明暗、薄厚、清浓等不宜完全一样，墨色应随运笔的变化而变化，墨色多变给观者以视觉上的调节，使人感到笔墨似被赋予了生命充满欢乐，生机盎然，欣赏者从而感到心胸畅快，情绪陶然。反之一幅作品如若毫无生气的一团死墨组成，则生命不复存在，欣赏者也只能感到郁闷沉寂、静止。所谓墨活是凭借运笔的变化，墨以笔为寄托，笔以墨来呈现，笔中必须有墨，无墨则无神采，墨中必须有笔，无笔则无筋骨，毛泽东在《七绝·为李进同志题所摄庐山仙人洞照》中运笔璀璨生辉，变幻莫测，凭借线条笔痕的抑扬顿挫而跃然纸上，也同样可以看出周而复始、断而还续的起伏交替的由墨色呈现出来的韵律变化。

5.欣赏意境之美

在欣赏了笔墨结构、章法之后仍须进一步把握整幅作品所特有的意境之美。毛泽东书法意境美体现在他在作品中表现出的性情气质、审美风格以及对书写作品的理解、把握等方面。一般来说，能使整幅作品形成一种鲜明的美的意境，是书家在艺术上达到高度成熟的标志。毛泽东书高启《梅花九首之一》，全篇自首至尾随着书家感情的起伏、波动，书写的气势愈来愈盛，字迹越来越大。书作由平稳渐趋跌宕，具有强烈的节奏感和韵律美，真实地映照了那一时代尚意写情的意境。

毛泽东书法不仅登堂入室，而且迈上一般人难以企及的艺术巅峰，被称为『毛体』。之所以称为『毛体』，说明其书风具有独特的唯一性。毛泽东书法的总体格局，是站在清代碑学的土壤之上，携手汉魏，联袂晋唐，穿越宋明，融会贯通而形成的。毛泽东书法成就主要反映在行书和草书两个方面，而以草书成就最高。行书以碑为本，以帖为用，以碑立风骨，以帖滋气韵，着力点在沉雄而劲挺。草书以帖为本，以碑为用，以帖展风姿，以碑强气势，着力点在豪放而浪漫。毛泽东草书洋洋洒洒，从心所欲，无拘无束，以『谁主沉浮？还看今朝』的襟怀，把浪漫挥洒到极致，但他的草书浪漫里不乏沉雄，狂放里不失法度，这是他碑学的滋养。

由于毛泽东书法的独特个性所呈现的艺术魄力和领袖风范，现今直接取法『毛体』的毛体书法家不在少数。在我看来，作为对毛体书法的传承，直接取毛体本来无可厚非，但作为一个要在书法艺术上求得发展的习书者直接取法毛体，只会事倍功半，甚至学无所用。我认为，毛体可赏不可法，即毛体可以供人们当做书法艺术去欣赏，若把毛体当做习字法帖去直接临摹，则是不可取的，这是由书法学习的规律和「毛体」的特殊性决定的。

中国有数千年学习书法的成功经验和教训，先哲们也有许多精辟的论断，如『先术平正，再追险绝，复归平正』的正险方法论，如『先守一家，再通百家，后成自家』的成家方法论，如『先无法到有法，再有法到至法，后至法到无法』的有无方法论，如『先摹楷书，再摹行书，后摹草书』的书体方法论，如『先打字底，再盖字面，后破字体』的破字方法论等等，这些都是在讲学习的方法道路问题。归结成一点，就是书法学习必须从临摹传统法帖开始，而临摹传统法帖又必须从风格平正的一家一帖入手，而





# 毛澤東手書真迹

风格平正的一家一帖又最好是楷书隶书之类的法帖，总之，先求平正。王羲之书圣地位的确立和对中国书法传承发展所产生的巨大影响，恰恰是因为王羲之书风不激不厉。王书中庸平正，学习王书求得平正后，容易向不同方向发展。书法史上大凡成大家者，皆在学习王书之韵，从临摹平正一路的法帖开始打下基础，再融会贯通而自立门户。

毛泽东一生喜爱书法，从小练字得童子功，青年时期写碑写楷得平正治厚，后来由楷而行。而草于怀素、张旭大草顾盼最久，体悟最深，加之他本身的天赋秉性和襟怀修为等综合因素，最终成为了当今草书书体的代表。毛泽东书法特别是草书最豪放浪漫，空前绝后。现在人们学习毛泽东书法，因为毛泽东书法特别草书风格强烈，大多得其皮毛而已。至于毛泽东书法豪放浪漫的精神气度对取法毛体的一般习书者而言是望尘莫及。我因为是毛泽东诗词研究会书法艺术分会的副会长，遇到过许许多多的毛体书法家，基本上没见到把毛体写到位的，只是票友层次。毛泽东的学书道路与历史上成功书法家所走的道路是一致的。就字内功而言，走的也是一条先求平正再追险绝的学书道路。我认为学习毛泽东书法更为重要的因素是字外功，毛泽东博览群书，坚持读帖，采众家之长，毛泽东诗词文章的经世致用，毛泽东作为思想家、政治家、军事家的波澜壮阔的襟怀等等，都是成就毛体的根本因素。我们学习毛泽东书法，不能在毛泽东书法墨迹这些形而下顾盼，而是要学习毛泽东书法形而上的书法精神和思想。这是一种对传统取其精华剔其糟粕的扬弃精神，这是一种古为今用，洋为中用，海纳百川的创造精神，这是一种关注现实活在当下、抒发真实感到使命担当的精神。唯其如此，才是对毛体真正的学习和弘扬，正所谓师

其迹不如师其心，得其器不如得其道，这也是我编著《毛泽东书法指要》的初衷，我衷心希望这种抛砖引玉的作用，使毛泽东书法艺术的普及、学习、研究取得更丰硕的成果。

## 毛泽东书法艺术的演进特点

毛泽东书法艺术是中华民族的宝贵财富。对他的书法艺术作一些研究和探讨，使人们了解他深厚的书法艺术修养，独特的艺术风格，在中国艺术宝库中的地位，无疑是十分有益的。

少年时代的毛泽东就读于韶山附近的东山学校时，便对写毛笔字很感兴趣，每到临池，总是一笔不苟。1917年至1918年，他在湖南长沙第一师范上学时，尽管当时课业繁重、紧张，可他仍以极大的毅力临习碑帖。后来，毛泽东走上革命的道路，经历了中国革命的狂风巨浪，但他始终没有放弃在书法上踏踏实实下功夫。无论在多么艰难的环境中，他都不会忘记随身带一套书帖，有机会就披阅法帖，这使得他的书法日臻完美。新中国成立后，他广置碑帖，尤其对一王乙帖、孙过庭的书谱、怀素的草书帖时常披阅，对怀素的《自叙帖》《信纸书帖》《苦笋帖》以及古人编辑的《草廖要领》《草廖百韵歌》等更是反复临写、吟咏、品味和琢磨。在吸取唐代狂草特色的基础上，跳出窠臼，推陈出新，创造出自己热情奔放、开阔活泼、酣畅流利的风格。他的手书，确有云水翻腾之气势，风雷激荡之姿态，游刃自如，实为独树一帜。

毛泽东书体的形成、发展、成熟和精进，一方面与他广泛的社会活动、渊博的学识分不开；另一方面也是长期研究、刻苦实践的结晶。他对王羲之、王献之、孙过庭、怀素等名家的书风，以及对历代各种草书字帖、拓本详加对比，钻研和汲取，取百家之长熔于一炉，师古法之优而又自成一家，从而使他的书法艺术在科学性、严谨性和艺术水平上，达到了炉火纯青的地步。

1908至1921年，是毛泽东初学书法、奠定书法基本功底的时期。毛泽东从少年时代就酷爱书法。先是入私塾接触中国汉字的传统书写方法——毛笔字。在家中帮助父亲记账，使他对毛笔书法更加熟悉。他还每天坚持摹帖临习，由魏碑、唐楷入手反复苦练。到长沙师范上学期间，风华正茂的毛泽东，其毛笔字在同学中已是佼佼者。毛泽东受国学传统教育影响，广泛研习了王羲之、欧阳询、颜真卿等人的法贴，并在游历中留意考察古代碑石、佛家写经和民间书法，提出了毛笔书法气质与用笔的要领：文贵颠倒簸弄，故日做；字宜振笔直书，故日写。毛泽东集千山之材而为一台，汇百家之说而成一学，博学广积、厚积薄发的治学思想为他打下了严谨而深厚的书法功底。尽管这一时期公开发表的书法作品有限，但它们大体上体现了毛泽东早期书法的主要特点——受晋唐楷书和魏碑的影响，形成严谨、开张、强健、瘦劲的风骨。如1915年读「明耻篇」后所书的『十六字铭耻』：『五月七日，民国奇耻，何以报仇，在我学子。』字形瘦长，横画细，竖画粗，以侧取势，具有颜体的意味。又如『夜学日志』，字形扁宽，右肩上耸，捺脚波挑，可以看出明显地受了魏碑字体的影响。

1921至1938年，是毛泽东书法演进过程中的探索和风格开始形成的时期。在这十七八年中，毛泽东的人生发生了巨大的变化，从一个普通的爱国热血青年成为领导中国共产党和中国人民追求民族解放的领袖。这一时期留下的书法作品不多，但从少量作品中也可以看出，毛泽东的书法已逐步摆脱了过去

研习的书体形式的束缚，初步形成了用笔流畅、潇洒随意、字体稍显倾斜的格式，虽有追摹王羲之行草书风的趋向，但更多的是展露出毛泽东追求个性化自由的心志。如在瑞金反『围剿』时鼓励红军的题词『敌人已经向我们基本苏区进攻了。我们无论如何要战胜这个敌人。我们要用一切坚定性顽强持久性去战胜敌人……英勇奋斗的红军万岁！』这幅行书字形上下伸展，左右倚对，点画开张，行气简洁明朗，显得很清秀。

1938至1949年，是毛泽东书法风格的形成和不断完善的时期。在这十二年中，毛泽东书法是以楷书和行书为主要形式，字体大小变化十分丰富，有时呈现出笔实墨沈的韵味，有时却是锋芒毕露、锐利干净，常常在个别笔画中着意强调夸张，跨行跨距，无拘无束，布局自然舒展。毛泽东和全国人民一道，经历了抗日战争和解放战争的洗礼，也磨练了他的书法气质，形成了他个人书法的独特风貌。

毛泽东这一时期书法的变化，又大体可以分为三个阶段：

一、1938至1944年　这一阶段在用笔上渐生提按，在章法上加强了对比和整体感。改变了他以往字体左倾的习惯，转为字势右倾，体现了他不断追求书法创新的风格。如为陕甘宁边区《边区教师》杂志的题词『为教育新后代而努力』，『教』字左伸右缩，『育』字右伸左缩，『新』字左右平衡，接下去各个字左撑右峻，蕴藏着催人奋进的鼓动力。又如为延安《新中华报》的题词『为消灭文盲而斗争』，『消灭』作承接状态，稳重而有弹性；『争』字的最后一笔，猛然拉下，垂而不直，涩行而进，稍带『屋漏痕』的自然风姿；『文』字捺脚上挑，似有对魏碑的回归感。

二、1938至1944年　在这个阶段，毛泽东的书法风格渐渐形成。字势右斜，笔画力度大增，简净与雄拔、茂密与疏朗、朴素与华美同时并存。如为《八路军军政》杂志创刊三周年的题词『准备反攻』，纵轴垂直，字势拉长，点画对比强烈，轻、重、压、弹的变化明显，可以感受到峻拔外露和雄健内含。又如为拍摄南泥湾电影的题词『自己动手，丰衣足食』，与1915年『十六字铭耻』有些相似，但又有很大的不同，一个是学子之志，一个是伟人之召，内容和形式都有了质的变化。这两幅书法作品用笔简约而精练，结体以斜扶正，以缺补全，左撇右捺，力可断金。

三、1945至1949年　是毛泽东书法风格基本形成时期，此间出现了一些毛泽东书法精品。如1945年手书1936年填写的《沁园春·雪》，豪爽大度，气势磅礴。同年10月4日致柳亚子先生的信，灵动清爽，骨力峻达，豪气凌空，对中锋和侧锋运用得极为熟练，尤其是侧笔的夸张取势，铸造了毛泽东书法的基本个性，为他以后的草书发展打下了坚实的基础。还有为『四八』遇难烈士的题词、《七律·人民解放军占领南京》和给徐悲鸿院长的信，都是这个时期的书法精品。

1949至1970年，是毛泽东书法历程中最辉煌、最具代表性，而艺术上也达到了登峰造极的时期。对于毛泽东来说，新中国建立以后，战争的烟云已去，工作重心转向巩固政权和建设新生活。从书法艺术发展来看，他的书法从楷书、行书转入到狂草，书法艺术已达到随意挥洒的超然境界。他在这个阶段日理万机的同时，借书抒怀，纵情挥洒，精品叠出。这一时期，他还书写了大量的古诗词。同时，他专心于草书的研究，并获得了极大的成功，使毛泽东的书法艺术达到了至尊至圣的无上境界，创造性地继

承和发扬了中国传统的草书艺术，使近百年以来中国草书艺术在新的历史时期得以进一步发扬光大。

这个时期又可以分为两个阶段：

一、1960年以前　主要是书法艺术的开拓和提高，为取得草书的成就作准备。如1950年10月，手书《浣溪沙·和柳亚子先生》，在用笔上突出横画和左撇的力度，以其特有的楷书笔法，赋予每个字不同的形态，整幅作品轻笔如马行，一气到底，十分协调。1952年，为中华全国体育总会的题词『发展体育运动，增强人民体质』，是一幅十分精彩的书法作品，看上去，每个字都变成了运动员，奔跑跳动，非常有趣而巧妙。同年给齐白石先生的信也是一幅十分珍贵的书法作品，作品如文意，轻松愉快，点画跳动，自由欢心，很是醉人。1956年12月，手书《水调歌头·游泳》、致周世钊先生的信都是草书精品。特别是后者，草势放纵，遒美流畅，中锋行笔，已有张旭、怀素的风格。1960年为中共中央办公厅工作人员题『艰苦朴素』，意态从容，笔笔精到，提按转折，无不恰到好处，运笔技巧已经十分成熟，这幅作品可称为毛泽东题词书法中的至上精品。

二、1960年以后到1970年　毛泽东的书法进入了一生中的高峰时期，一年一个面貌，年年都有变化和提高。如1961年9月手书《清平乐·六盘山》，飘洒自如，初得草书用笔，独具韵味，中锋的力度、质感都很好。欣赏这幅作品，点画有的跳动，立在面前不是一幅字，而是万水千山。1961年年12月26日致臧克家的信，对于大草已经得笔得法，整幅作品有断有连，有疾速，有涩留，藏锋、重打、转折等运用自如，既是毛泽东的得意之作，也是草书精品。1942年4月手书《七律·长征》，骨气洞达，豪迈超逸，诗美，书法亦美，堪称是毛泽东草书艺术的代表作品。1962年4月手书『向雷锋同志学习』题词，是毛泽东写意书法作品最精彩的代表作，足可以流芳百世。

## 毛泽东书法的书体分类

毛泽东不仅是中国人民的伟大领袖，而且还是卓越的政治家、思想家、军事家，更是独具一格的书法家。毛泽东的一生不论是身无分文心忧天下的学子时期，还是惊涛骇浪的革命战争年代，还是巩固政权经济建设时期，都没有离开过笔墨，都十分关注欣赏临摹历代书法碑帖，走出一条自己的书法之路，创造出一种独具风格的字体，在书法史上竖起了一座丰碑。

他一生留下了大量的墨迹，如果说他的文章草稿、文件批阅、读书批注、题词、书信是实用书法的话，那么手书自作诗词、手书古代诗词的墨迹，就不是为了实用，而是为了书法的观赏，传承和发展。这些书作艺术性是很强，是他一生书法艺术的精品。欣赏这些书作，我们宛如走进了一个艺术之林，浩然大气，珊瑚之枝，劲松挂崖，远山衔月，屈铁盘丝，柳絮花朵，鲜香海水，笔中夹鼓，各种美的意象，各种美的形态，各种美的声音，诗情画意难以尽说。让我们随着毛泽东的笔迹，踏着这颜色之王黑白相间的书迹，探寻他书法艺术特征。首先说他的行书大致有以下几个特征：

毛泽东行书作品多见于各大题词，字型较长，呈欹侧势，横画向右上方，斜度较大，笔画多露锋，用牵徐加强笔画间的呼应，并以简单的笔画代替复杂的笔画，他不论书写的题词还是诗词，都加强了气脉贯通流畅自然的气势，字的大小、浓淡、干湿，各得其宜，布局巧妙，错落有致，诸如《人民日报》的题词独体字字体的『人』『报』两字各占一边，互相融合照应，『民』『日』两字字体较小，居中与『人』『报』结合在一起，显得错落有致，特别加上四字气脉贯通，就更加的美。《沁园春·雪》整首词字较多，字字独立，此词竖行书写，每行的字，大小相差明显，但却在一条轴线上，上下呼应，气脉贯通，错落有致，整幅作品居中间一行的『娆』字，墨浓字大，赫然醒目。和「娆」字情况相近的，『封、飘、须、射、朝』等字各占一角，与之遥相呼应，显示了布局的巧妙，结构的紧凑，整幅作品气势雄强，好像一气呵成，充满了豪迈的气魄，总之，毛泽东行书柔韧清秀，潇洒险峻，独具风格。

毛泽东行草书多见于诗词，如《清平乐·六盘山》，书写时，每行字有大有小，而且相差很大，但却参差错落，饶有韵致，每行字由上而下，彼此呼应，在一中轴之上，行行直不偏斜，足见布局的巧妙。作品中有行书，有草书，行草结合交替使用，过渡自然，衔接紧密，给人以起伏跌宕，疾驰缓急的节奏感。总之，毛泽东行草作品用笔、布局、气韵乃至表达感情诸方面都得很大成功。

毛泽东的草书在其书法作品占有很大的比重，总括起来讲可分为小草和大草，小草较之行书书写便捷，笔势飞动，但属字字独立，较少有牵徐连属，而大草则字与字多由牵徐连属，较之小草，其笔势飞动更为明显。毛泽东草书不论是小草还是大草都给人草而不乱，书写有章，挥洒自如的感觉，都获得很大成功。诸如毛泽东手书古诗词，其中草书数量很大，而且大草占很大比重，人们熟知的李白《下江陵》是大草作品，其中不少字由牵徐连属，少数字虽无牵徐连属但意连气贯，书写迅疾挥洒自如，字有大有小，错落有致，

使人感到飞冲之下一泻千里之势。这幅作品使诗、书、情得到了完美的统一和谐。

总之，毛泽东的书法从楷书、行书、行草、草书诸体来看，所取得的成功，一是酷爱书法有天分。毛泽东从青少年直到晚年一直酷爱书法，对书法有浓厚的兴趣，有深厚的感情。二是勤学苦练，持之以恒。毛泽东不论战火纷飞的年代还是在和平时期，还是在日理万机、昼夜操劳国家大事期间，他从没间断过练习书法，他说『字要写得好就要起得早，字要写得美必须勤磨练』。他一生总是挤时间练习书法，这种勤学苦练持之以恒的精神，的确令人敬佩。三是虚心学习碑帖，博采众长。毛泽东说『学字要有帖』，从毛泽东的用笔、结字、布局等方面看，特别是从他的草书来看，他的确临摹过不少碑帖，不管是战争年代的行军路上还是和平时期，遇到碑刻好字，也要驻足好久，细心揣摩，而且经常恋恋不舍地离去。每到殿宇厅堂遇到好字更是如此。他不但是善于学古人碑帖，也善于博采众长，这是他在书法上获得成功的重要原因。四是胸襟宽大，见识广博。一个人的任何成功与其人的胸襟见识是密不可分的，如颜真卿、岳飞胸怀祖国，气宇轩昂，他们的书法就表现出了一种宽博豪爽的大将气度；张旭、怀素见到公孙娘娴熟舞剑，深受启发，书艺大进；毛泽东一生领导中国革命和建设，其胸怀之宽广，见识之广博，令人共仰，这无疑对他的书法特别草书有着不可估量的裨益。五是善于创造。毛泽东书法特别是草书，和怀素《自叙帖》有相同的地方，一是笔画较细圆，二是字形都较长，三是在大草的布局上都采用了行行逶迤，翩翩恣肆的写法，四是在神上很相似。但毛泽东又不囿于怀素《自叙帖》，他善于创造，他说『帖中要发挥』。他临摹碑帖多见识广，能博采众长，特别加上他博大的胸襟和领袖的气质，在书法上他又加进了不少自

己的东西，这就是在笔画上、结字上与怀素《自叙帖》的笔画细圆遒劲不同，毛泽东的笔画细圆柔韧。因此毛泽东的书法特别是草书又形成了自己的风格。这种风格不同于怀素的风格。怀素的风格是超迈，毛泽东书法是飘逸。另外，毛泽东的书法自然，看他的作品似乎给人这样一种感觉，他挥洒自如无意求好，但结果都好，是人们学习的榜样。

### 毛泽东书法与历代书家的关系与区别

伟大领袖毛泽东不仅是伟大的政治家、军事家、思想家而且是杰出的诗人和书法家。他气魄宏伟、挥洒自如、别具一格的书法艺术为中国当代书坛注入了特殊的生命活力。他的自作诗词，风格多样，有的典雅，有点通俗，有的含蓄，有的晓畅，有的庄重，有的幽默，有的豪放，有的婉约。但豪放是他诗词的主导艺术风格，由他书写的自作诗词最能表现诗词深刻的内涵，抒发诗人的情感。他的诗词书法更是淋漓酣畅地展现了他广阔的胸怀，渊博的学识，浪漫的气质，敏睿的智慧，充沛的情感，堪称诗词书法双绝。

毛泽东在中国书坛上的崇高地位，是由其高深的书法造诣和众多书法杰作所奠定的。他的书法艺术右抑王羲之的行楷，左逾张旭的狂草，具有其独特鲜明的特点。一是博采众长，自成一家。他从不宗一家，既钻研二王和张旭怀素的书法，也吸收了李邕、黄庭坚、苏东坡、何绍基、郑板桥诸家之长，正如他自己所说『各个体我都研究过，我都不遵守，我写我的体』，从而创立了独其一格，被人们誉为毛泽东书

法的书体。二是勇于探索，不断创新。毛泽东一生的书体多变，从青少年时期的学欧体、学颜体、学二王、学魏碑到三十四年代长枪大戟乱石铺街学行楷，直到五六十年代复归平正的小草、行楷以及行草取狂草气势的书作，鱼龙变化，仪态万千，最终选择了最能表现诗人书法情性的草书，摘取了书法王国皇冠上的明珠。三是笔法章法相得益彰。毛泽东书法用笔控锋极为熟练。方笔圆笔兼施，正锋、侧锋相依，干湿枯润墨分五色，同时结字造型能力极强，想象丰富，形象生动，书中有诗，诗中有画，再者章法布白极为美观，真正做到古人所说的计白为黑。四是风格多样多彩多姿。现在虽未见其篆书、隶书作品，但楷行草齐备，且在这三种书体中又有行楷、行草、小草、大草之别，其中尤以小草和行草取狂草气势的书作成就最高。在这些书作中有的遒劲刚健，有的圆润流畅，有的纵逸奔放，有的严整秀丽，正如毛泽东谈到自己审美情趣所说，『我的兴趣偏于豪放，不度婉约』，毛泽东的书法艺术作品也正是这样于豪放中兼婉约，于刚健中寓妩媚，于雄强中显柔情，于粗犷中见纤巧。

### 毛泽东书法的用笔特点

#### 一、毛泽东的执笔方法

毛泽东青少时期在师范学校里的数年学习，在书法艺术中的执笔、运笔、用墨、结字、布局等方面都受过较完整的教育。从他早期《夜学日志》的书法作品中，可以清楚地看出，毛泽东执笔方法是传统的规范化的五指执笔方法，连他书写时的端坐姿式都是严格地遵循规范的，也是为人师表的姿式，由此

可以推测他受过严格训练。

毛泽东的执笔方法正符合传统书家的要求。食指高钩的五指法，『方出于指，圆出于腕』，这种方法能使指腕活动方便。毛泽东如不使用五指执笔法，而使用苏东坡的单构法或清代何绍基扣腕法，则写不出《致萧子昇》小字行楷风采，也写不出《艰苦朴素》《忆秦娥·娄山关》等作品的风格来。毛泽东书写书法场所是办公桌，所以五指执笔法也正适应他书写时指、腕、臂的挥洒。

## 二、毛泽东书法的用笔结体

1.用笔多变。毛泽东书法作品个性极强，色彩鲜明，笔法结体，特点突出，博变突出，可谓前无古人。例毛泽东在书法作品落款，167 个落款毫无相同，『东』字 148 个，形质各异；『之』字 87 个，个个有别，三字 59 个，形态个个争奇；一字竟有一百多种写法，貌不相同，这充分体现出结体丰富多彩的变化，也是毛泽东借以抒情达意的唯一手段，并对清代盛行的馆阁体猛击一掌。

2.隶意魏丽。毛泽东在书法作品中吸收了汉简和汉碑的笔意，如《坚持游击战》中，他所写的『争』和『泽』字的悬针、竖笔，达到汉简末笔悬针的程度。在毛泽东书法作品中也可以看到把汉隶的结体运用到行楷、行草中来，如 1942 年毛泽东为八路军的杂志创刊三周年题词《准备反攻》四个字，其中『備』字的间架结构似与汉隶碑、礼器碑中的『備』字意化而来。

3.倾斜飞动。这种笔法结体在中国书法艺术的发展中，在许多大书法家作品是屡见不鲜的，但都未达到毛泽东欹斜取势这种程度，这种横笔画向右上一致倾斜的作品见于毛泽东六十年代后的作品中的个

别字体，如奋、华、直字，展现横笔向右上倾斜的气势。

4.左垂右曳。书论家说『左放为垂，右放为曳』，在历代书法作品中很少见到从左至右的书写方式，而毛泽东没有采用古代方式而创新了从左至右的书写。如 1944 年毛泽东为特等劳动英雄陈振夏题词：『埋头苦干』四个大字，用行楷书体，这幅作品体现出左垂右曳的结体方法，形成了很强烈的字体间的呼应顾盼之情，通幅字妙趣丛生。

5.左伸右敛。从古至今，书家为了取得字体奇险的效果，突破方块字方整结体，多采用左伸右敛的方法。毛泽东将这一方法引用到他的书作中，如 1941 年的春天，毛泽东为延安青年干部学校题词：『肯学肯干又是革命的，必定是有益的，必定是有前途的』，题词中的繁体『幹』字一反一般字体结构的常规，取左展右敛之势，字体的左半侧由于向下伸展的结果，使左半侧的重心极度下降，造成力和重量的不平衡而是险势。毛泽东用了一个大的逗点补在『幹』字的右下，才取得了字的稳定。这种用笔结体的风格一直到 1970 年仍有所见。如《采桑子·重阳》手书墨迹中的难、岁、霜字等均呈左伸右敛之势，同时岁和霜字的重心向左下垂，显示出字段险、奇动态，于局部的不平衡求整体的平衡，但通篇没有一个相反的字体之势。

6.左收右展。在书法艺术中，字体的间架结构上强调包围式的字体，一般采取左收右展的结体更符合美学的要求，这种收和尾都是双向的。从毛泽东遗留给我们的行草作品中，一直到上世纪六十年代都在沿用左收右放这种书体结构方式。如《七律·长征》中的『闲、礴、开』字句为左收右展的字体结构。

7.减笔或简笔。减笔或简笔字在古人书法作品中常见，在汉代则是极通用的正体字。当我们打开汉碑拓片或魏碑拓片时，就会发现原来按唐楷字形质来说，有许多的减笔或简笔的字，当然也有移笔和增笔的字映进读者眼帘。1941 年毛泽东为延安青年干部学校王仲方等几位青年的题词，『肯学肯干又是革命的，必定是有益的，必定是有前途的』，书法题词作品得到印证。这幅作品最大的特点是减笔或简笔，如『学』字其上部右侧只用两笔代替，减去了两笔，左侧用一笔代替，减去了三笔，中间部分用一个半截的横画替代，并且『学』字下面的『子』则用简单的十表示，又如『肯』字下面的『月』字则用断笔意连的方法书写，『月』部内的二短横都用一长竖点所代替。再看『幹』字其左半部的『卓』中间的『曰』意用一短竖及一右斜点所组成。此幅中的『革』字如果单独拿出来会误认为『羊』字，「革」字的上部分省去了一短横，中下部则用两短横被一长竖笔贯穿而成，这种大胆的减笔造成了字体形质的怪味。这可能是毛泽东一种书法上的尝试。

8.实连和实断。从古至今书家在创作书法作品时，经常使用实连和实断这种技法，增加作品的浑厚，雄强茁壮的美感。1950 年毛泽东所书『失败者成功之母，困难者胜利之基』其中『困』和『胜』字都有不该断处的断笔。1951 年 7 月所书的《十六字铭耻》篇中的『国、何、学』字等都有连笔，这种连笔不同于草书或行书中的带钩游丝连于点画之间，而是如点画同样的重笔相连，还可看到『如』在字的长撇出现断笔是不该断处之断，这种运笔不同于草书或行书体，写时点画之间的游丝相连，时而取笔断意连的方法，后者属于点画间或字间的启承转接。毛泽东把断笔运用到长撇和长的竖笔中，和用楷法写点画间的连笔，他用的较多，这似乎是他的独创风格。

9.重笔轻笔并施。书法所论『笔画要坚而浑，体势要奇而稳，章法要变而贯』，这种书法风格不是一般书写中轻提要按的运笔，也不是重笔字和轻笔字段组合，而是在一个字体中奇轻奇重点笔画点线的结合，毛泽东上世纪六十年代的《西江月·井冈山》手书诗词中，已是高水平的应用此法，亦见明显的重轻笔相结合的字体，长短相补斜正相柱肥瘦相混之技巧，字体形质妩媚雄健。

10.肥笔字体。明代项穆《书法雅言》里称『瘦不露骨，肥不露肉，乃为上也』，这就是对肥笔的评述。毛泽东 1944 年 5 月为『中央直属机关个人生产展览会』的题词『力求进步』四个大字为肥笔字体，在毛泽东书法作品中不多见，此四字用笔古朴厚重、润泽雄强、端庄凝重、俊伟茂润，刚健厚重，尤其是力字和进字骨强肉润，可称得上绝笔。

11.游丝书体。清代笪重光《书筏》说『人知直画之力劲，而不知游丝之力更坚利多锋』。1957 年 9 月 13 日晨，毛泽东写给胡乔木同志的信札墨迹正是用『游丝之力更坚利多锋』的特点书就，此幅作品在游丝笔法中用提按轻重、枯润疾丝连断等笔意清晰实为难得，笔画刚劲清秀如钢丝盘行回转，作品妙在强劲而婉柔，清劲而浑厚，刚柔并济。

## 毛泽东书法的章法布局

一幅较为成功的书法作品，笔法和字的结构是主要的，在行草书中，整幅作品的章法布局显得尤为重要。王羲之《笔势十二章》强调说『倘一点失所，若美人之病一目；一画失节，如壮士之折一肱』。清代刘熙载《艺概·书概》中说道『空白少而神远，空多而神秘』，布局因书体的不同要求也不一致，因而唐代孙述庭《书谱》中论道『篆尚婉而通，隶欲精而密，草贵流而畅，章务检而便。』诸家所论，说明点线的安排、黑白的分布给人不同的感受，产生不同的艺术效果。

纵观毛泽东留给我们的墨迹，其章法非常严谨，横直有绪，左右倚对，相得益彰，字与字，行与行之间疏密得当，大小互宜，照应错综，顾盼有情，字墨行间，脉盘相连，极富韵律。在布白上，他崇尚自然参差而不故作姿态，无论是横书还是直书，都是横列无纵行，纵行无横列。纵有行横有列的作品在他的墨迹中少见，横书和直书的行与行中都有空，字与字间有揖让，各字无定格，且随势布白。在字的绕体上，少数书作中少有一笔连写整字的，大都为字字独立或两字相连。起行末行的经营上，是没有开头显拘泥结末有过于浮滑，从而使首尾与中间的章法呈现差异的。据以上所述，毛泽东书作中的章法布局具有全篇气势连贯、一气呵成的特点。在分行布白上除少数书信和古诗词外，基本上采用纵无行横无列的草书布局形式，在书写中字的大小、长短、粗细、轻重、浓淡相互搭配，围绕轴线左右摇动，楷行草字结合运用，不加雕饰，自由驰骋，任其自然，气势连贯，用笔舒展，字体疏朗，字体随笔飞舞，似一笔而下，一气呵成无间断痕迹，行气紧密，气势磅礴，茂密昂拔，气势婀娜却益雄健，线条柔媚飘逸却筋骨，内涵笔势险劲而神采秀丽遒美，线条如轻烟飘绕，清风拂柳，漪波荡漾，造乎自然而神妙。也是说，毛泽东书作中的章法布局首先以气韵为主体，特别是上世纪六十年代的大

# 毛澤東手書真迹

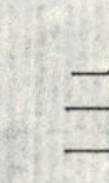

草书作品，从头至尾都以气韵贯通浑然一体。二是分行布白上多采用纵无行横无列之法。三是字体扭曲错位，轴线摆动。四是富有强烈的流动感。这是毛泽东书法很突出的特点，主要是由他那轻盈流畅的行笔方法和胸有成竹一气呵成的笔势所造成的。五是参差多变的美感。书法作品的参差变化是历代书法大家所倾心追求的，没有变化就没有动态，没有动态就没有美感和魄力。毛泽东六十多年的书法生涯中，其书法风貌几乎年年月月时时都在追求变化，这亦是毛泽东书法之所以备受人们崇尚的原因之一。

看毛泽东书法，不仅要看形式美，而且还要看他包含的意境美、气韵美。也就是说，不能把章法看作一种安排、组合构图等技术手法，而应当从书法的艺术形式美、意境美、气韵美的总体把握，进而去探求毛泽东书法艺术的最高审美标准。

为了欣赏毛泽东书法的章法之妙，不妨从几何形式、轴线变化、墨白对比、线条质感、总体效果、署名关联等几个问题分别探讨。

毛泽东传世的书法墨迹很多，我们在研究他的书法艺术时，必须在空间里去找到它的位，即它的几何形式。诸如文稿、批语、信札、题字、题词、诗词等等，采用的外在形式也是丰富多彩的，但主要的几何形式是方阵型和横幅手卷型。方矩阵型多数是题字、题词，如『努力前进』『打日本救中国』『艰苦朴素』『明耻篇』『向雷锋同志学习』。其横幅手卷型从文字来看多为诗词，从时间来说多出于五六十年代，诸如手书《七绝·为李进同志题所摄庐山仙人洞照》《满江红·和郭沫若》等。

毛泽东书法富有奇妙的轴线变化。如他手书宋玉的《大言赋》句『方地为舆，圆天为盖，长剑耿介，倚天之外』，纵轴变化就比较明显。第一行轴线从『方』字开始向右下折转，又向左下至『地』字折转虚下，写列『为』字又转向左下再回到右下，至『舆』字稍为偏折转直下。第二行轴线从『圆』字中稍带右弧度穿过，至『天』字折转左下至『为』字，遂折转右下至『盖』字又转向左下，这条轴线与第一行轴线相距较大，以曲对曲。第三行轴线基长贯穿『长剑耿介』稍左斜直下。第四行轴线基本上以左弧度贯穿『倚天之外』，第四行轴线与第三行轴相距较近，以直对弧。这种轴线的变化把字体大小所占空间位置、行距、和作者书写过程的时序轨迹反映出来。这种变化的轴线本身就是一种美的构成，一种以线性构成的形式韵律美。

手书曹操《步出夏门行·龟虽寿》(此卷共十一行)，前四行四条轴线基本垂直平行，所以不管字大字小、笔轻笔重、墨浓墨淡、势屈势缩，每行的字都是随着轴线直下。这四行虽然显得放纵跳宕，但由于中轴线的稳定，在章法上就不会出现大起大落，或错位险绝的情况。次四行出现了轴线变化，第一行和第二行中轴线相近，上宽下窄，第三行和第四行远离一、二行成为相谐的弧线，这样在四行中出现了大块的空白，增大了亮度。字势显得收缩，为下几行的大度发展准备了空间。最后三行果然出现了大跳跃，『可以永年』和『曹孟德诗』基本上是V字型上开下合，这就使洒脱劲健的笔法得到了夸张和摇摆的配合，显得神韵顿生，神采射人。

大起大落的墨白对比。在中国书法理论中早就有『计白当黑』的说法，『计白当黑』就是书法上的

黑与白的辩证统一，写黑留白。毛泽东的书法总体来说是茂密的，但并非不着力留白处的经营，他的书风豪放雄逸，就是在墨白的对比中表现出来的。如手书苏轼《念奴娇·赤壁怀古》，这是毛泽东的书法里不多见的一篇书作。前五行即从『大江东去』直到『一时多少豪杰』，字势内收，行距开阔，留出大块空白，疏朗清新，追风走马，余地很大，后六行由于字势开张，点画飞动，空白处稍小，但也比他的其它书作大得多，尤其后三行，从『故国神游』至最后『一尊还酹江月』，字势飞动，空白骤增，使人有灵动劲超、松摇绝壁的感觉。手书严遂成《三垂冈》这卷书法共十三行，以一、九、十、十三行为骨干，笔画粗浓，以墨为主。其他文字分成各行夹在其中，笔画较细，以白为主。这样强烈的墨白落差的章法，也是在书法黑白对比中具有别致的特色。

手书《敕勒歌》采用黑白对比法，又是另一种类型。这卷里字的结构以宽为主，笔法轻柔，用墨不多，各行字间相互揖让避就，使行距不明显，这一卷中的黑白对比就形成了既不是很黑也不很白的中间色——灰色，这样的对比给人一种苍苍混混、迷迷茫茫的感觉，这也是毛泽东书法章法上苍茫韵味的美。

丰富多彩的线条质感，毛泽东书法从三十年代书风开始，形成到六十年代他的书法走向巅峰，始终抓住了线条质感这个核心来表现。手书李白《将进酒》是写在四尺宣纸的十二开纸上，硬毫施墨、点画飞动、笔法劲健，但粗细差别不大。如『呼儿将出换美酒，与你同销万古愁』，线条潇洒利落、峭健飞宕，是一种俊美的质感。手书林逋《梅花》诗句『疏影横斜水清浅，暗香浮动月黄昏』，墨色淡雅，行笔节奏轻快、点画飞动、连绵不断，凸现出了线条的质感，流畅轻健之美。又如手书李白《下江陵》诗句『两

岸猿声啼不住，轻舟已过万重山』纯用一笔写下，字势博大，气势磅礴，但线条却淡似轻烟，给人一种苍茫浩大之美的感受。

毛泽东书法作品的题款形式和内容多样而丰富，且各具艺术特色。毛泽东题款的形式有：

一、有前款，有后款。前款又称上款。一般有的书有被赠人姓名，有的书有作品的出版社，点明作书的由来。后款又称下款。书有作者姓名、作书时间或地点，字形及大小时有变化。

二、有前款、无后款。这在毛泽东手书古诗词墨迹中较常见。一般前款只题有古诗词作者姓名，或篇名，或词牌名，而后款不书作者，不书年月。这种墨迹常为毛泽东平素习书之作。

三、有后款，无前款。不题前款，只在后款题上墨迹的作者，或只题年、月、日，或作品赠予何人，或原作者姓名，或原作题目，或原作词牌。

四、在前款之后加评述。原作品的内在意义，往往与书作者思想感情是融为一体的。在一些能唤起书作者感情波澜的作品为书家所挥写时，书家往往在前款或后款中加以评注。这类书作在毛泽东的书法作品中也占有一定分量。

五、在后款加附注。毛泽东在他的一部分书法作品中，往往在书写正文后，在后款中加附议注，抒发感慨。有时这一题款很长，更好地表达了书写时的心境和情怀。

六、下款的署名。毛泽东的书法作品下款署名绝大部分为『毛泽东』。此外，他还曾用过二十八画生、咏芝、子任、毛永滋、李德胜、润之、周石林等。据《韶山毛氏四修族谱》（1941年本）卷十五载：『毛

泽东，字咏芝，行三』。『泽』为毛氏辈序：『祖恩贻泽远』。毛泽东以辈取名，并引《庄子·大宗师》中『泽及万世』之意，恩惠东方，光照中国。

咏芝、子任是毛泽东在东山小学读书时用的号和字，包含着毛泽东的革命激情；毛永滋，是他在劳动立法问题请愿书上的签名；毛石山，是毛泽东的乳名；李德胜，是毛泽东1947年撤离延安时的化名，是为『离得胜』的谐音，寓意革命理当得胜。

无论使用何种形式的题款，他都让整幅作品神采焕发，起到了画龙点睛的作用。

毛泽东在他的书法作品中使用的印章是一方白文『毛泽东印』，一方朱文『毛润之』。他在柳亚子纪念册上手书的《沁园春·雪》，就盖有这两枚印章。毛泽东的印章，一生使用不多。从毛泽东对自己的书法作品的款式与印章的安排上的运用自如，反映出作者高度的艺术涵养、丰富的艺术创作经验和高超的艺术审美能力。

## 毛泽东书法创作的形式

毛泽东书法作品的形式和种类，同传统书法一样丰富多彩，现从实用的角度结合我个人学习研究创作的实践，主要介绍以下几种：

### 一、竖幅中堂

这是人们最常见的一种作品形式，也是实用性很广的一种形式，因而应将它作为重点来学习应用。

创作竖幅中堂作品一般以行草体为宜，如能以大草笔意的行草更好，创作时还要借鉴毛泽东书法墨迹的经验。作品开始第一个字或第一笔，一般要饱蘸墨，墨要浓，笔要重，画要粗，字要大，这开始的一笔一字要压茬、要突出、要醒目，作品最后一个字，如能可能也要写得相对大一些，最后一笔收笔要急一些，既要达到首尾呼应，又要给人一种悬崖勒马、意犹未尽的效果。创作时还可以充分发挥任意夸张的优势，大胆的夸张某一个字或数个字，某一个笔画或几个笔画，相对缩小一部分字或一部分笔画形成大小、浓淡、轻重、长短的参差变化，使作品达到对比强烈变化无穷的效果，其次，创作时每行字多可用扭曲字形和摆动字或行的轴线，来充分体现毛泽东书法的特征，因为每行字写的越多，字与字之间轴线摆动的次数也就也多，整幅字轴线摆动的频率越高，字与字、行与行的跳跃也就越强，作品也就越显的生动活泼。创作时否成功关键有两条，一是大胆行笔写出毛泽东书法的气势，二是遵循用笔原则。不失毛泽东书法形式风貌，只要有了这两条创作成功无疑的。

在具体创作中，心里不要想着毛泽东哪幅字怎么写，哪个地方结构如何，哪个点写得大一些，哪个点写的小一些，通篇又是怎么布局的。不要去想这些，而要想着你心中的毛泽东或你就是毛泽东书法传承人。现在要写的这幅字没有任何框，全由你领会的去写，去用你掌握的精熟的毛泽东笔法去写。不要怕写不好，开始写的差一点没关系，但只要你这样去意念，这样去用笔一般也不会写的太差，一定创作出好的作品。至于竖幅中堂的落款，署名，以落款占一行为宜，一般不落两行。落两行，一是难布局，二是容易冲淡正文。

## 二、楹联

楹联是一种特定的书法款式，上下联用纸尺寸，必须完全相同，除常用的四尺、对开尺寸外还可根据需要，使用更大或较小的纸。其创作的特点必须掌握上、下联和谐统一。这种作品形式很受群众喜欢，用途极广，不仅可搭配书法中堂，亦可搭配国画中堂供人悬挂欣赏，创作这种形式的毛泽东书体作品，一般可以七言句为主，也可写五言句或八言句，还可写长联，但长联实用性不多，有时可展览用，亦可在名胜古迹的地方悬挂，供游人欣赏。

创作毛泽东书体楹联最主要的，应注意字的大小、黑白、轻重、沉淡乃至字体的变化。因为一张纸上就写一行字，容易落于单调和呆滞，所以追求变化是唯一能防止这一弊端的办法。书写时采取一大一小，即墨白依次对比排列写的办法，亦可采用大大小小大小大，或大小小大大小的办法排列，同时楷行草字有变化的搭配，这样总体上错落有致，富于变化，再加用毛泽东字体适当快速行笔，毛泽东书法特征也就体现出来了，能达到这一步就是成功。书写楹联最忌讳的是用笔平均，字字匀称，形如算珠，不求变化，这样即使单个字用的是毛泽东书体，但总体也是缺乏毛泽东书体风格和韵味的。这种作品的落款一般以下联中段为好。

## 三、横幅

横幅长篇均为横向布局，尺寸比例不尽相同，其章法特点是纵向取行、横向取势，前后呼应，对其行数、字数、节奏、韵律、字形变化、题款用印等预先做出周密安排。

这种形式是毛泽东书法作品中常见的，特别是毛泽东在自作的诗词中最喜欢用的一种形式。因为它最能体现毛泽东书法气势磅礴、变化万千的特征，而且它的实用性又广，更适合当下展室、厅堂悬挂。在创作书写这类作品要注意到左右空间大、上下空间小，靠摆动字和轴线来增加作品的殊动变化的余地是极有限的。因而应靠大力夸张字体的大小，造成字或行之间强烈的对比，以及快速行笔的气势来达到理想的效果。但在实际书写中，变换笔画夸张字形时，很容易受到上下空间的制约，使你难以随心所欲地去夸张。因此要创作出有气势的好作品，需要意在笔先的功夫，需要在动笔前就先对要写的作品，根据字数的多少和纸的长短宽窄做出适当的规划。哪个字大致放在什么位置根据它占的空间大小，需要夸大还是缩小，夸大的每行字少放字，缩小的每行就多放几个字。一般放大的应该用重墨，缩小的字用轻墨。蘸一次墨应尽量多写几个字，以使其产生行气，体现自然感；蘸墨时应尽量放在写大字时蘸，以便突出大字的效果。这些下笔前的安排是必要的，又是在不影响连贯性书写的前提下进行的，使人看不出有意安排的痕迹，才能保证作品的效果，但需要说明的是这个下笔前的规划，只是大致的有所掌握而不能太死，书写中既要遵循又要灵活巧妙运用。这类作品的署名，一般可落作品正文的最后偏下的地方，可落一行或整行，有时多落几行更好看。

横幅短篇，这种形式在我们日常生活中实用性很广，毛泽东书法作品中多见于题词。这类作品的创作一般分竖写和横写两种形式。竖写主要写诗词之类的内容，横写多写名言、格言、警句之类。竖字是从右向左竖排书写，这类书写的短篇一般宜用行楷或行书体，由于空间小、字少，故不宜用夸张太大的

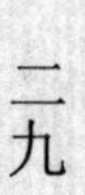

行草体书写。这类作品的横写一般是由左至右。一幅字多是只写一行，最好用毛泽东的行楷体书写，因字少就需要用较粗的笔画写，又多是名言名句，写得让人认得才能更好地发挥内容的作用，创作时可参考毛泽东关于『为人民服务』『艰苦朴素、江山如此多娇』等作品书写时主要是体现毛泽东书法的笔画结构特征，落款署名竖幅落在正文的左下方，横幅落在正文的右下方。

### 四、长篇文章

创作毛泽东书体长篇文章，最好采用毛泽东书体小草笔意的行草书体竖排书写，其主要优点是这种字体既比较美观又相对便于识认，写起来又比较顺手，竖排竖写又能增加一定的书卷味，能相对提高作品的整体美，总之，创作这类作品时，应该考虑一般经典著作从文字上应便于阅读的特点，又应具备毛泽东书法生动活泼、秀逸洒脱的艺术效果，并适当变换笔法，夸张少数字或笔画，使作品在相对规范的前提下有所变化，有一定的动态感，使之达到不同的而又需要的艺术效果。

### 五、书名、报刊名、牌匾

为人书写书名、报刊名或牌匾，这是我们日常工作、生活中经常遇到的创作课题，也是人们最喜爱的一种形式，因此，我们题写这类作品时最好是用行楷或行书体写。书名，报刊名一般字数较少，字与字之间又多有较大的间隔，因而要注意字与字之间的笔势，尽量将笔画写得浑厚大气，体现出毛泽东书法的磅礴气势和深厚秀美的行楷风貌。如题写报头时要特别注意忠于毛泽东所题报字的写法，因为毛泽东写的报字人们见到的太多，只有不折不扣地忠于毛泽东书体原样，才能使创作的报头不失为毛泽东书体。

题写单位名称主要用行楷或行书，以体现出毛泽东书法的风貌为主旨。书写时多参考一些毛泽东这方面的题词，以免自己的成分太多了，减弱了毛泽东书法特征。为人书写大型匾额时，除参考毛泽东的题词外，还要多参考一些古人的匾额作品，多吸收一些好的营养，使作品更加厚重更富有神采。

### 六、条幅

条幅在书法创作中是运用最多的一种形式，条幅的运用也是最广泛的。条幅章法的构图、设计、创作手段是多种多样的，尤其是毛泽东行草书在条幅中变化奇特，节奏明快而富于变化，笔法流畅而古朴丰茂，从心所欲不逾矩。这是创作条幅等一条原则。不管是少字数还是一首诗词，从首字的推敲到尾字段收笔，都应慎重处理，笔法则为柔中含刚，流动稚拙，秀逸端雅，防止软滑媚气之病，当然条幅的章法没有固定的模式，风格各异，千姿百态，一个人一种追求，一种技法不可强求划一，但用毛泽东书体进行创作，不能远离毛泽东书体的风貌，要遵循毛泽东书体的规律和标准，达到不同的而又需要的艺术效果。

### 七、扇面

扇面书法作为欣赏和收藏之用，有其独到的艺术特色，给人以美的享受。扇面书法的章法比一般书法创作更难些，主要是处理好扇骨与书写内容字数的关系，需周密安排字数，妥善安排在扇骨之间的空白处，总的原则协调一致，不能前紧后松。书写前最好打个稿，有十分把握后再上扇书写，扇面章法有许多种，每行字数的多少根据书写内容，字数的多少，与扇骨的多少精心设计，行与行要呼应，每一行

的长短要统一。扇面的书写，尤其上骨的扇面书写很难写好，因为高低不平，行笔难度大，因此不宜写少字数，书写多字数。可将扇面尽量展开，左、右上需用镇纸压住，将字写在扇骨上实的空白处。裱好的扇面因宣纸的效果失去一半，所以书写时不宜多蘸墨，上下款和钤章不像横幅那样。扇面可以沉底，印章的选择不宜太大，需与扇面上字的大小协调，扇面书法的书体不宜用毛泽东书法的草书，而用行书较为适宜。

总之，纵观全扇，需谋篇得法，笔法有度，结体适中，意在呈现笔居其，一次成功。

### 八、横式大中堂

这种幅式多用于会议厅、礼堂、宴会厅、饭店等创作时，用毛泽东行草、行书为较为适应。构图与谋篇，笔法与结构要统一安排，最好是先打小样，然后在上纸上书写。书写时要注意首字要重一些，行与行之间的关系左右呼应，笔法的轻重浓淡粗细，章法要变化，每行最后一个不必整齐划一，可长可短，参差错落，题款与用章不拘一格，但大小与位置要合适，保持全篇和谐。

## 毛泽东书法的临摹

当今不少书法爱好者酷爱毛泽东书法，非常想学到他的书体，但临起来很难，这是为什么呢？这是因为一是对毛泽东书法还缺乏研究和认识；二是毛泽东书法气势太大，笔力飞势都很难掌握；三是毛泽东的书法行笔快捷，笔速难以跟上；四是毛泽东的书法动态感特别强烈，难以用照葫芦画瓢的办

法去临写；五是毛泽东书法面向广大群众，人们见的多特别熟悉，临写稍有不像，人们就很容易看得出来。鉴于这五个方面的原因，我们就知道临写毛泽东书法作品比临写别家的书法要难得多，那么面对这个难题采取什么样的方法才更有效呢？根据我学习、研究、整理出版毛泽东墨迹的体会，应遵循掌握以下几点：

### 临写的基本条件

首先对毛泽东思想、书法艺术进行全面的研究，弄清楚什么是毛泽东书法艺术，然后在此基础上，在方法技巧上研究和反复实践，并把领略他的胸怀、了解他的个性结合起来，否则就不可能学到他书法的真谛。二是不能把毛泽东看作是一个单纯的书法家，他是中国伟大的政治家、革命家、军事战略家、文学家和诗人。在书法上他是一位集大成者，他对我国历代书家各流派之长均有较多的研究和继承，博采众长而最终形成了自己独具一格的书体。三是一定要了解毛泽东所书的内容，熟烂于胸的基础上，创作发挥出来的高度成熟的作品，无论自作诗、古诗词还是题词、文稿、电文，他始终是思想高度集中的，这一点我们从目前所见到的十几幅他用毛笔写字的新闻照片可以看出，他每次提笔无不神情贯注，而绝无边写边看的现象。他用对所书内容烂熟于胸又施以他炉火纯青的笔法，下笔如神，往往蘸一次墨便是一连六七字书写，这就形成了他特有的飞白牵丝，映带的结体和书写节奏。五是临毛泽东书法必须有相当的书法功底。毛泽东书法来源于传统书法，是在传统书法的基础上发展起来的，没有传统书法就没有毛泽东书法，所以没有传统的书法功底就无法临习毛泽东书法，所以一定要在掌握了传统书法基本功基

础上，才有可能顺利的进行，特别是有传统的楷行草三种笔法的直接基础，如有篆隶书体的基础更好。六是临毛泽东书法要了解毛泽东所书写时用的毛笔、纸张，毛泽东书写时多用中小狼毫或兼毫小笔，坐书时在十六开大小的白纸或八行格纸上用小笔、小字，故一笔连写数字，这便使其书速大为提高，高速书写的节奏所形成的特有的节奏，是我们一般人所无法达到的。

### 读帖选贴

临毛泽东书法，前首先要选定临写毛泽东书法的哪一篇，之后要认真读帖，分析研究这一篇属于毛泽东哪个时期的作品，是什么书体，这点确定后，就要根据毛泽东这一时期的思想活动和可能影响其创作的因素等，作一定的分析研究。因作者的书法风格是严格地受创作时的思想感情、创作环境，以及作者在哪个时期所重点学习和崇尚的书帖等因素所制约的。这样就能顺利地确定要临作品的风格和运笔规律，使临写时有所遵循。例如要临写『共产主义是不可抗御的！星星之火可以燎原。死难烈士万岁』这幅作品，就要首先弄明白这幅作品是毛泽东约在 1946 年底书写，当时正是国民党蒋介石大举向我解放区进攻的时刻，蒋介石想故伎重演，妄想重温 1927 年 4. 12 大屠杀的美梦，妄想用美帝国主义者的武器支持和其它的援助下，狂妄的叫嚣要在三个月内消灭我党我军，抢夺抗日战争胜利的果实，毛泽东此时题『星星之火可以燎原』意在教育全党不要被貌似强大的反动力量所吓倒。书写『死难烈士万岁』是怀念烈士们的鲜血不能白流，为死难烈士报仇而奋起还击，为此毛泽东书写此幅作品选用了行楷带有强烈的草势，表达对死难烈士的怀念，从毛泽东所书此幅作品的用笔、结体、布局来看，书家在书写时心朝起伏不能

平静，忧国忧民之心泄于笔下，对蒋介石的背信弃义极为愤慨，此情流于笔锋，用笔刚健、锋芒毕露、极富力感、字字如刀、字字如枪、字字如火射向敌人，所以临者了解了这些背景，研究的笔法结体就能顺势而临写，否则无益。

### 毛泽东书法的特征、总体气势和神韵

临写一般书家的作品，要注重总体气势形神兼备，以笔画为主要特征。而临毛泽东书法首先要抓住毛泽东书法特征，放在总体大局上，而不能放在局部笔画和单字上。临写时，心中要想着我是写一幅全篇作品，用已经掌握的毛泽东书法的笔法去自由地写，而不是照葫芦画瓢，去单字单画地机械地摹写。这样才能保证临写出来的作品，既从字体上像毛泽东书法的风格，并使通篇作品形体风貌保持一致。二是胸中装着大局后，要熟知毛泽东书法是以行笔快捷为其重要运笔特征，必须学会和锻炼快速笔法才能适应临习毛泽东书法的要求。三是临写毛泽东书法时必须融入个人的情感，除对毛泽东书法风采崇尚倾慕外，从思想上对毛泽东思想，从他对中国革命事业、中国人民的无私奉献上，认真的研究，唤起一种对毛泽东书法的艺术崇拜，对毛泽东伟大人生的由衷敬仰的状态下临写毛泽东书法，在这种情感下临写出来的作品，必然有通篇气韵生动、形神兼备、以神为主的效果。否则，单凭个人一时兴趣或抱着一种纯粹练习试笔的心态，临写一定不会有效果的，而是呆滞黯淡的，毫无生气的，只见字形不见神采的东西，毫无意义的。

### 楷体为基，逐临它体

临毛泽东书法最好先从毛泽东上世纪四十年代的作品开始，这是因为毛泽东这一时期的作品多为行楷作品，最具毛泽东书法艺术的特征，这一时期的作品临好了，为进一步临写行草、草书打下坚实的笔法基础。其次，由于刚开始临写，笔速不可能掌握得太快，在笔速不快的情况下，只适应临写行楷作品，最好选临摹字少易临的题词、题字，再临些较短的书信，最后临诗词。这一阶段的临写是打基础的阶段，这样不但能学到雄强有力的笔法，而且还可学到毛泽东这一时期变化较多的署名写法，为以后临习毛泽东不同时期的作品变换、署名形式和写法打下良好的基础。

### 毛泽东书法帖和古人书帖结合起来

毛泽东书法在中国书法史上是前所未有的，特别是在行草书上，可以说已经达到了顶峰，达到无与伦比的地步。既然毛泽东书法已经是最好的了，还有必要学习古人的吗？回答是肯定的，并且是肯定非学不可的。这是因为毛泽东书法是在传统基础上发展起来的一种新流派，在临习时笔法不易掌握，需要追根求源。看你临写的毛泽东哪个时期的作品，该时期受哪些古代书法的影响，就临此时古人的作品，临一段后再临毛泽东该时期的书法作品，这样多次交替、连续反复的临写就会成功。值得注意的是，临写时，作品一定要固定，不能一会临这个时期，下次又临另一个时期的，这次临这幅下次又临那幅，一会儿临行楷一会儿又临行草，一会儿临题词一会儿临诗词，这样随意临写的结果不会成功的。一定要选定古人书帖和毛泽东书帖结合交替临习，才能增强你的功力，丰富你的笔法，提高你的整体水平。

## 照帖与脱帖默临结合

临毛泽东书法首先要选择自己感兴趣而又特征较突出的书法作品作为模本，开始先照帖认认真真地一笔不苟的临写，认真反复临写一段后，自己感觉比较像了，基本特征掌握了，脱帖后靠记忆对帖能大体上掌握了，就可以脱帖默临。默临开始阶段，主要靠记忆掌握书帖中的笔法和结构位置，也就是先追形似，这时临写不要快，只求形似即可，只要达到形似了就是很大的成功。如对原帖的基本特征还没有把握，基本结构位置还没有记住，这时就重新照帖临写，一直临到拿走帖都能记住帖的特征了才能撤帖。撤帖后再临，反复多次，临到精熟，变成自己心中的东西呼之即出，落笔生花的境界，就达到了我们临帖所追求的较高目标，但在临帖时千万要注意不要夹杂个人的笔法，这样就不像原帖了，不像帖就不成功。

总之，临习毛泽东书法简言之，一是要认识再认识，研究弄清什么是毛泽东书法。二是要熟习毛泽东书法其结体是狭长体、方体、扁平体，是否倾斜，倾斜方向程度，是否行、草、狂草，笔法墨色。三是建议用中小狼毫或兼毫在小纸上反复临。四是如要临大幅毛体书法可泼墨书写，才能接近毛泽东书法固有的节奏和书速。五要做到对书写内容极为熟悉，不能边写边想，更不能边写边看，这样会打破原作特有的节奏感和气势。六要通观该墨迹的章法、特点、布白，抓住主要矛盾和主要矛盾的主要方面，全篇中哪几个字写的特别大，特别重和特别小及章法布局等，保持与书帖节奏、书速同步就是一副好作品。

## 临摹须注意章法

1.多字数横式章法。五个字以上为多字横幅，章法如一首诗词、一片文赋等。用毛泽东书法创作多字书法时，最好用毛泽东的行书或行草。在书写时，一定要先谋篇布局，通篇要疏朗得体、轻重适宜、大小协调、长短有制，要达到结字灵活、笔法巧妙、章法新奇、墨色变换、天头要整齐、地脚宜参差、前后要呼应的美的效果。

2.少字数横幅章法。这种横幅虽然只有两个字或几个字，但是章法构图时要慎重而周密，要用毛泽东书法的楷书或行楷书写，一定要体现厚重古茂、端庄均当、布置厅堂、彰显出书法者的功力。

3.四条屏章法。四条屏是个统称，也可六条、八条、十条均可，但只能是偶数，不能是奇数，条屏用一般为1尺×3尺或更长一些，可用多种书体书写，书写时最好用一种书体。用毛泽东书体书写时，选择你最熟习的内容和书体进行谋划布局，照应各行之间的关系，保持一致的节奏韵律，题款应在最后一条并与正文和谐，一般不写满一行，以防堵塞气韵喧宾夺主。

4.斗方章法。斗方是人们熟习喜爱的一种书法幅式，适于家庭、办公场所悬挂。斗方一般字数较少，用毛泽东书体书写时最好选用警句格言，可用你熟习的多种书体书写，但书写时要精心构图，单字或多字的斗方应以其笔画形态，及相互关系作为谋划章法重点，力求精彩，题款可以从简。多字斗方应注重字间、行间及题款的呼应关系。整体布局时，不宜充满四角，要留有空处，使作品灵动自然。

5.楹联章法。楹联是一种特定的书法款式，上下联用纸、尺寸必须完全相同，除常用的四尺、对开尺寸外，还可根据需要使用更大或较小的纸，其创作特点是必须掌握上下联动和谐统一，其字形、字距、应当一致，用毛泽东书体创作其字形和用笔变化较大，上下联协调难度亦大，须悉心谋划和试写，方能成功。字数较多的楹联，上下联各分两行或多行书写，应注意上联由右行至左行书写识读，而下联则由左行至右行题款，分别写于上下联的末行下部。

6.扇面章法。扇面也是一种特定的款式，可分为折扇、圆扇或椭圆扇面等，除特制的装饰用大扇外，一般扇面为小品，多在真的纸面上书写，因其纸面较小，容字不多。而形状特殊，故创作应精细。其章法特点是，文字书写应随扇形分布，而字体形态不能随意变动，折扇作品上部较宽，且为孤行向下渐窄，故每行两字以上各行字数应有多有少，防止上松下挤，圆扇或椭圆扇等周边为孤线，创作时可用字数、字形、题款、用印予以调整，以求生动自然，当选用毛泽东书体书写时在内容上选短句，书体上选行楷或行草为宜。

7.长横幅章法。长横幅可用四尺以上整纸书写，内容可选用诗词、长篇、文赋。十字以下的作品，笔画应当厚重，点画形态应富于变化，主笔力求精采而有特色，每字的结体应力求多数字，结体严谨，用笔一致，讲究横排竖列，注重相互关系，考虑节奏韵律。以毛泽东书体创作时，在主笔选择上最好是羊毫笔，用行草书书写时，疏密得体、虚实结合、舒展明快、力求达到动势平衡，符合毛泽东书法风韵达到全篇和谐。

**毛泽东书法艺术作品赏析**

**还书便签　咏昌先生书**

此幅作品为毛泽东青少年时期手迹。取势纵长而稍侧结字，内紧外松。折笔外方内收，显得字体挺拔、清秀，可以看出早年毛泽东学习王羲之《圣教序》等行楷书所达到入帖水平。

**致萧子昇信**

1915年9月6日毛泽东给萧子昇的一封长信，是毛泽东早期小字行楷书的代表作品。此书信取楷书的端正典雅之势，但楷书不楷，而以流畅便捷的行书走笔并夹少量飘逸飞动的草字，全篇布局工整有序、纵密横疏、笔断意连、大小错落、和谐精美、运笔藏锋、方圆结合，方笔凝重中见潇洒，结体严整中显自然，笔致秀美中带刚劲，是毛泽东青少时期杰作。

**夜学日志**

1918年毛泽东为湖南省立第一师范学校学友会办的工人夜校所用的『夜学日志』，带有明显魏碑书体形质的楷书，所以这四个字虽然书体方峻、遒劲，笔力沉着凝重，但笔锋藏露并施，行笔方圆兼备，尚存隶书遗意，显得端庄舒展，朴细安闲。

**致许德珩等人信**

1936年11月2日毛泽东收悉北大教授许德珩等人购买的30多双布鞋12块怀表和18只火腿，亲自授笔致函的答谢。

从这封书信手迹看，毛泽东已从早年研习晋唐楷书和魏碑的法帖中走了出来，逐渐形成了自己点画飞动、洒脱随意、左斜放纵的书风，这种字迹的韵律气象，直到晚年草书中还能看到，如1965年7月26日《给于立群的信》。

**致何香凝的信**

墨迹《致何香凝的信》是毛泽东1937年6月25日用狼毫写的行书信札，是毛泽东三十年代代典型书风手迹。此书体首先是以斜体取势，但一反左低右高的传统结构造型，变字态为左高右低的结体格局，欹斜俯仰，形险而竞正。其次是体势纵长，笔画背作，坚长横短，以竖画撑定全字的重心。三是笔锋凝练清劲，以柔为主，圆笔见重折笔时，既不用提按成弧，又没有生硬的棱角，而是顺势屈曲显得滞洒妍美。

**为教育新后代而努力**

墨迹『为教育新后代而努力』是毛泽东1938年春为陕甘宁边区《边区教育》的题词，该题词是毛泽东书风形成时期大字行楷的代表作。字形取左伸右收的纵长侧势，并注意了左右伸缩的对称与结合，如『教』字左扬，育字则右伸，然后以『新』字左右平衡造成一种和谐感，有一种鼓动人的气势。

**实事求是**

墨迹『实事求是』是毛泽东1941年冬为延安中共中央党校的题词，题词用庄重的正楷书写，字体欣长，结字高耸，字距宽阔，有峻拔雄健的气概，只是一改过去多以左侧倾斜的书风，而成右耸高耸的态势，加之方笔露锋，圆笔相佐，行笔苍劲，点画有力，使四字题词凝重端庄而不呆滞。该题词是毛泽东书作的特有风格。

**自己动手 丰衣足食**

墨迹『自己动手，丰衣足食』是毛泽东1942年为南泥湾纪录片题写的，这八个大字为行楷书体，笔法流畅，结体飞动，斜欹取势，重心左垂，圆笔方笔兼用，藏峰露锋兼施，字体形象活跃，笔力顿挫有力，运笔结字奇巧新颖，点画顾盼有情，具有轻快向上的美感，是毛泽东自创正楷书风的代表作。

**努力前进 打日本救中国**

1938年毛泽东所题的『努力前进，打日本救中国』墨迹，多行楷书体，结字以左伸右收为主，以方笔侧锋取势，笔画线条流畅舒展而苍雄，给读者以力量感。这幅作品的特点是满纸染笔，此笔的苍劲表达了毛泽东胸中的浩然正气和杀敌的勇气，同时把胸中的怒气爆发了出来，集于笔端，笔锋峻利，满纸刚正之气，激昂之情，充满了中华民族抗日必胜的信念和豪情，是毛泽东这一时期骨气洞达的代表作。

**百花齐放 推陈出新**

1951年4月毛泽东为第一届全国戏曲观摩演出大会题的『百花齐放，推陈出新』墨迹，以行为主略带草意，既端庄又秀美。此幅作品是毛泽东书法风格重大转变的标志，从此基本上结束了用笔结体夸张的横画向右上高耸、结体向右倾斜、长横大撇的书法风格，向淡雅宁静过渡。此幅作品用笔率意潇洒，流畅自然，结体奇拓，呈铺毫重按和提笔轻写相参，几乎笔笔出现露锋，前四个字墨

浓笔重，于率意中见老辣，后四个字轻墨细笔，于精巧中见园趣。如『百』字着笔墨酣畅润泽，与右侧平行的『推』字多数笔画轻提，银丝环绕，与『百』字形成笔画粗细鲜明对比，从而可以看出毛泽东书风变化的轨迹。

### 艰苦朴素

1960年10月8日，毛泽东为中央办公厅工作人员题的『艰苦朴素』的墨迹，为行楷书体，从左至右分别以轻重疾徐、枯润相间，用笔肥瘦兼施，方圆结合，藏露并行，行笔流畅而不轻滑，字体形质端庄而不板滞，润而不腻，枯而不燥，如此丰富的笔墨技术在中国书法史上少见。此幅作品也是毛泽东行楷大字中的最高成就，也是题词中的极品，标志着毛泽东书法艺术进入最高境界的分水岭。从此毛泽东书法艺术风格进入到平淡、典雅、远大境地，步入了书法艺术最高层次。

『艰』字右肩顿笔外拓而又将竖笔内收，深厚强健，若字第一笔藏头护尾，用笔圆润并形成弧形，增强了笔力筋骨，内涵取篆书笔法。第二笔藏头仰面，露锋收笔与第三笔相呼应，成一气之笔。第三笔与第四笔由带钩相连，第四笔向左下斜插而下，形成很强的露锋形成异趣。『朴』字右半侧的横笔以游丝相连，但其长短粗细有别，形成游丝和横笔袅空之姿，最后一点可见顿挫之功。『素』字露锋，起笔运笔之中渐渐提笔，形成起笔重运笔轻的变化，行笔中的似顿挫之后显出应有的力势。

### 致臧克家信

1961年12月26日毛泽东给当时任《诗刊》主编的臧克家的书信墨迹为大草笔法，整卷书迹点画线

条着力连笔动感，大多以末笔回锋之势，形成自小而下的相贯气脉，纵横牵制、钩连盘纡、布白与墨色线点极尽变化而不失法度。书迹中『事、来、奉、泽、年』等字中长竖显得特别有力度，其浓淡粗细的墨色变化，可谓毛泽东大草笔法笔意的得意之作。

### 致胡乔木同志

1957年9月13日晨，毛泽东写给胡乔木同志的信札墨迹为行草。结体狂草，笔意硬毫，楷笔所写，在书法风格上有别于以往的作品，他夸张地使用了瘦体行草取狂草之势。

此幅作品为瞬乎疾书不加雕饰、自由骋驰、任其自然、气势连贯、用笔舒展、字体流朗、随笔飞舞中一笔而下，一气呵成，点画虽细如丝，其力可悬千钧，铁线银钩，奇崛瘦劲，满纸屈动，行气紧密、气势磅礴、茂密昂拔、气势婀娜、收益雄健、线条柔媚，飘逸却筋骨内涵，笔势险劲而神采秀丽，遒美气势奔放而又稳健飘逸，更显沉着，笔墨圆润劲健，在细如丝的笔画中，却见枯笔在极细的笔锋运墨中多见笔断意连，字体中有细有断有连，润中有枯，小字如大字，行笔虽快但却无一处败笔，在微细的变化中尽见笔意，笔法纵横奔放，浩气飘洒，用笔疾丝润涩，轻重提按，高秀圆浑，柔中有刚，达到了轻笔须按、轻而不飘的艺术效果。

### 沁园春·雪

毛泽东生前多次书写1936年2月填词的得意之作，《沁园春·雪》墨迹共有六幅。1945年10月毛泽东在第十八集团重庆办事处信笺上书写的《沁园春·雪》笔迹，集中代表了毛泽东行楷书体，体现出

结体多变，欹斜取势的风格。一是结体从右向左下倾斜，横画左低右高，撇画左放右敛，竖画即反弓内收，使结字欹斜而无倾覆感。二是字形大小参差错落，但每一行却保持在同一条轴线上。三是结合词意，放意驰神，随笔顺意的奇巧布局，用笔方圆结合，藏露兼施，中锋侧锋兼用，通篇布局，上下左右字体不做轻重虚实的呼应，字势与篇势统一和谐，给人以淋漓酣畅，纵逸无张，气势连贯舒展，自然的飞动感觉，给人奋发向上的力量，表现出书家惊风拔树，大力移山之志。

**清平乐·六盘山**

这首词是毛泽东1935年10月作的，1961年9月用行草书体书写。整幅作品成横卷式，竖写从右至左，用笔中锋藏锋为主，疾涩徐迟，点画轻重粗细尽随书家的情意，流荡而挥洒，通篇布白巧妙疏密，大山参差错落，通篇气势磅薄、流畅瑰丽，圆润宏伟、筋骨深涵，刚柔共济，金玉其质、神采照人，烁古耀今，是毛泽东狂草书法转折时期又一代表作。

**七律·长征**

毛泽东手书《七律·长征》是在1942年4月20日用行草书体大草气势书写的竖式横幅手卷。此墨迹运笔布局自然流美，用笔圆润流畅，稍带涩笔中锋为主侧锋兼施，圆笔方笔兼用，藏锋露锋兼顾，字体大小参差，舒展飞动，明媚刚健，在结体布局上出现了奇重奇轻、奇粗奇细的运笔风格，形成结体上重下轻，上密下疏，左重右轻的特点，丰富了用笔技巧，展现出布局开阔而有之势，疏朗自然而又跌宕起伏，如『千山』二字自然间断，字形体开张，左右上下拓展，与左邻右舍及上部的字体相争之趣浓郁，

有不可侵犯之态，字体间形成右上部疏拓，左下部紧密的斜白，『五岭逶迤腾细浪，乌蒙磅礴走泥丸』，十四个字接应紧密，形成全幅作品的密集处，展现全幅字体自然参差错落，飞腾跌宕、壮观，气势浩瀚、笔法遒劲、情绪激昂、节凑鲜明、淋漓酣畅、气势恢宏、雄纵豪放、刚柔共济，充分发挥了草书写意性的特点，形成毛泽东书法成熟时期的扛鼎之作，达到了极高境界。

**满江红·和郭沫若**

1963年2月5日毛泽东自书的《满江红·和郭沫若》手迹为行草取大草气势，用笔以圆笔藏锋为主，方笔露锋兼施，线条飞动，形象优美，如『地转』两字，中锋提腕用一笔盘曲连转，好似用线条画的圆转流动图，『长安』二字则一笔纵放，真有飞箭直下横扫害人虫的图景，整幅作品展现气势恢宏雄伟，凌空落笔的胸怀，笔挟风涛的气魄和雄浑苍润的境界，构成了整幅作品跃动和谐章法布局。

**忆秦娥·娄山关**

1935年2月撰书诗词《忆秦娥·娄山关》手迹为行草书体取狂草气势，一气呵成，天衣无缝，可以说是毛泽东行草取狂草气势书体的最高成就。纵观此幅作品大气浩然、英俊豪迈、威武刚健、龙腾虎跃、气势雄伟，此作品用笔结体其势若惊雷、闪电，真态若龙蛇盘行，其点如下鸟出林，其用笔以中锋圆笔，藏头护尾，几乎不见锐利的露锋，方笔筋骨深涵，刚筋屈铁，无刻意雕凿，自然流美、圆浑雄强，通篇笔墨酣畅浑然一体，天衣无缝是难得神品。

## 采桑子·重阳

《采桑子·重阳》词是毛泽东填于1929年10月，书于1964年，此手迹为行草取大草气势，字体大小错落悬殊，笔墨点画粗细相经庭，有行无列，字体疏拓紧密相间，行间密挤，看去似无行无列，只见满纸墨迹飞舞、云烟缭绕，纵横奔放、落墨纷披，苍劲而超逸，意连而笔纵，大势磅礴、浩气飘洒、气贯江河，运笔婉转回环，笔走龙蛇，雄浑刚劲、峻拔刚断，其中『难』字被上下左右十个字体推挤，但无相交触之笔，作品结尾处笔锋勃然奋力挥洒，掀起巨大的波澜，矗起了一个顶天立地的『霸』字，力重万钧如天外飞来，占据两行的空间，观此『霸』字，放纵而有度，墨笔浓厚而润泽，如气势摄人，力挽全篇，用笔外柔内刚，筋骨深涵，秀美刚健，布局奇险。总观全幅作品，笔画粗细字体奇正，大大小小如祖孙携手，无妙不臻。

## 西江月·井冈山

《西江月·井冈山》这首词填于1928年的秋天，墨迹书写年代不详，从用笔结字章法推测在《忆秦娥·娄山关》、《采桑子·重阳》等作品之后。整幅作品取狂草气势书写，摆脱了作品中字体奇大奇小的风格，在结体中尝试了奇粗奇细的点画配置，章法布白随势变化，整体运笔圆润秀逸、骨丰肉健、重粗犷挺拔，墨色苍渴燥辣，构成了书作动感极强，锐不可当的气势，具有岿然不动的神采，雄壮豪迈的气势。

## 沁园春·长沙

《沁园春·长沙》毛泽东于1925年填词，约出于1954年，是毛泽东小草书法的代表作。

此幅手迹从运笔结字布局来看，是毛泽东诗词墨迹中最晚的作品，也是成熟度最高的作品，是毛泽东书法艺术发展史中的第四块丰碑。整幅作品行草书体，小草取势用笔方圆，结合藏锋为主兼施露锋，结体用笔潇洒，古淡极尽，典雅悠然，处处含蓄，耐人寻味，布局疏密有致、有行无列，行间紧密、字间空白相当，如第一行墨色较浓，笔势也较稳定，而到第二行的『万山红遍』则行笔加快，直至『问苍茫大地，谁主沉浮』，又墨色稍浓，书情恢复稳定，从『同学少年』到『中流击水』书情又复高昂，行笔亦显急速，全幅仅有三处连字（意气、激扬、记否），即在此间出现最后的『浪遏飞舟』又墨浓速缓，与首行呼应吻合，使整幅书作气韵贯通又结构完美。

## 横眉冷对千夫指　俯首甘为孺子牛

毛泽东不仅酷爱鲁迅的诗，而且常以写鲁迅的诗来练习书法。1945年他书写的『横眉冷对千夫指，俯首甘为孺子牛』这幅联，以行书兼带草意写成，最大的特点是墨色酣畅淋漓，洒脱飘动，如『横、夫、指、为』字尤其是『夫』字虽湿墨成块，却仍显笔画之迹，用墨着力处点画并不痴肥，固有骨力内涵，墨色酣畅处又以相对燥墨的『对、千、孺子牛』等字相间，最后的『牛』字干燥，墨中却以收笔的一顿润完成了，并与开笔的呼应润燥相应，气韵兼得，此联达到了书法笔墨的意境，是毛泽东书法进入新阶段的代表作品。

### 向雷锋同志学习

毛泽东1963年2月28日，为平凡而伟大的战士题的『向雷锋同志学习』，七个字总体看，浓墨重笔，字字有力、方笔疾书、风骨充盈。从章法看，七个字分为两行左三右四。起笔『向』字一撇一竖点，一横折钩，劲纵外拓，骨力峻健，粗大有力。『雷锋』二字，字型阔大特出，写得开张疏朗，左边四字均分为两组分别用游丝牵连，而且上小下大，既突出『学习』以表达书作的号召意义，又以一种仰视的感觉造成下部的稳定感。在矩阵型的章法布局中，极巧妙的完成了题词中『向雷锋同志学习』的三个停顿，形成了这幅书作三个节奏的律感，这幅矩阵型题词的杰作，是震动书坛步入大草艺苑的里程碑。

### 李白《庐山谣寄卢侍郎御虚舟》

『登高壮观天地间，大江茫茫去不还，黄云万里动风色，白波九道流雷山』，毛泽东对李白这四句诗似乎情有独钟，1952年和1954年8月6日，1961年9月16日三次书写这首诗。此书作以草书为主，兼以行书笔势，放纵墨迹酣畅，『天地间』三字写得极有气势，『动风』二字以狂草走笔激情满怀，给人以山摇地动之感，此作不以方折劲疾的笔画取胜，而是毛泽东用为数不多的涨墨淋漓，点画浑圆书风。全卷书作布局的和谐平衡，形成了首尾呼应的完美态势。

### 录鲁迅诗一首书赠日本访华朋友

毛泽东1961年10月7日，书鲁迅的诗『万家墨面没蒿莱，敢有歌吟动地哀。心事浩茫连广宇，于无声处听惊雷。』为行草竖式书写，中锋行笔圆劲润泽，布局大山相依，疏密相间，墨色丰富多彩，线条飞动，既有唐人怀素的狂草笔意，又具毛泽东鲜明书体的个性，特别是最后的朋友三个狂草大字占了一行，既突出了书赠朋友的情意，又与开篇呼应，形成气势波澜壮阔，完整统一的和谐布局。

### 高启《梅花九首之一》

1961年11月6日，毛泽东从上午到晚八点半反复书写的高启『琼姿只合在瑶台，谁向江南处处栽。雪满山中高士卧，月明林下美人来。寒依疏影萧萧竹，春掩残香漠漠苔。自去何郎无好咏，东风愁寂几回开』这首诗，前三句柔姿清纯，书情较平稳，从第四句起侧笔大振，一气贯注，写下『月明林』三字，『林』字已显苍渴但笔为情驰不及蘸墨，即换行写下此句的后四字，擦笔露锋，丝丝飞白，老劲挺拔，『人来』两字连接之笔，锋势由柔至刚，笔法由提转按笔势，由圆转方更是神韵绝妙。此卷书法墨迹坚实，笔挟风涛、点画劲疾、苍劲伟奇，是当代书法中的神品。

二〇〇三年十一月二十六日

## 毛澤東手書真迹

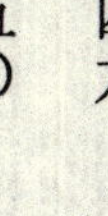

# 目录



## 题词题字

目录

# 题词题字

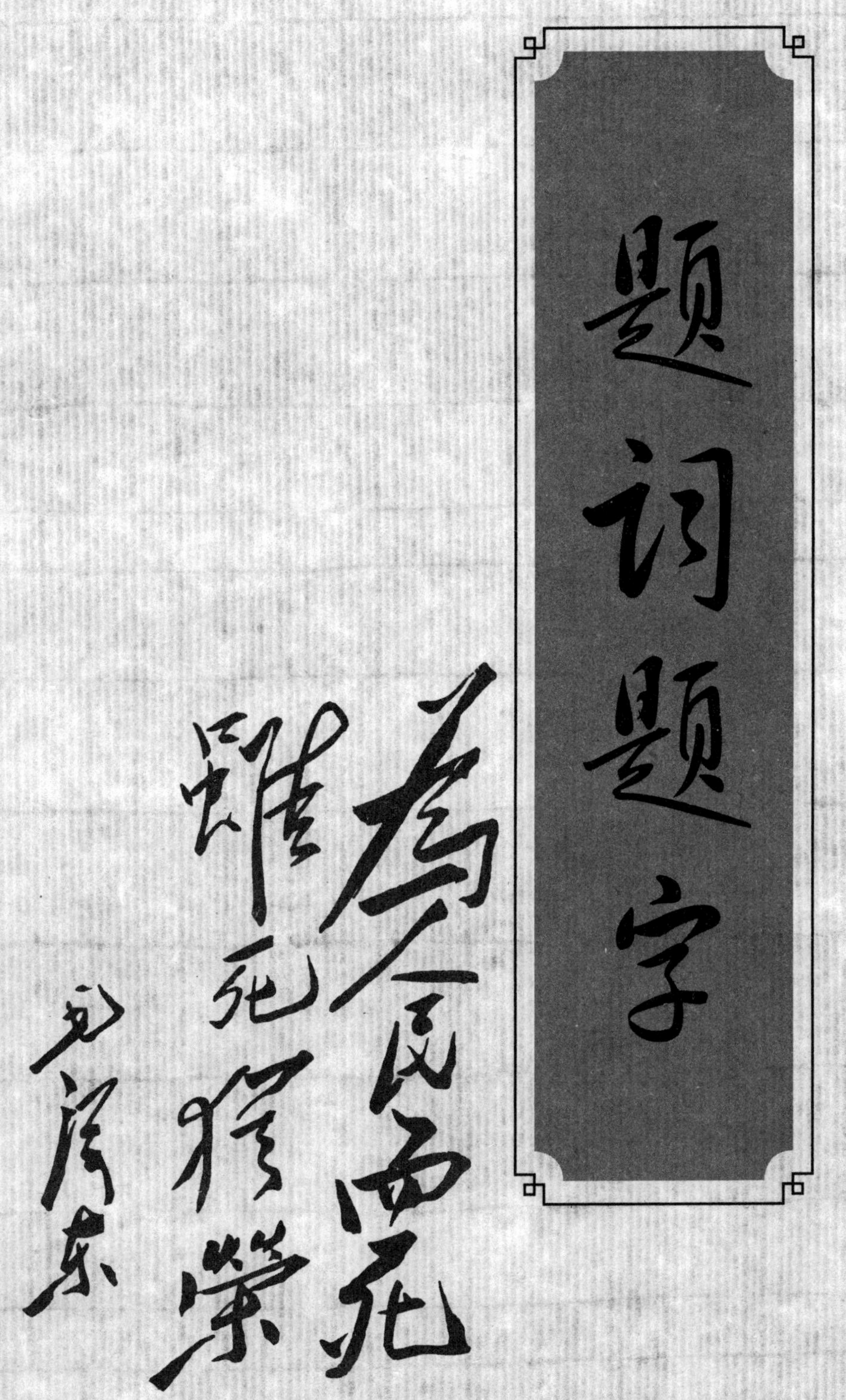

## 《明耻篇》题志

一九一五年夏

五月七日，
民国奇耻，
何以报仇？
在我学子！

五月七日
民國奇恥
何以報仇
在我學子



## 在湖南第一师范校友会《纪事录》封面上的题字

贰号纪事录

紀事錄
貳號

为『工人夜学』题写的牌子

工人夜学

第一时期·题词题字



为工人《夜学日志》封面题字

一九三七年

夜學日誌

首卷

《夜学日志》首卷

## 为中华苏维埃共和国第二次工农代表大会的题词

一九三四年一月

苏维埃是工农劳苦群众自己管理己生活的机关，是革命战争的组织者与领导者。

毛泽东

## 在反『围剿』时鼓励红军的题词

敌人已经向我们的基本苏区大举进攻了。我们无论如何要战胜这个敌人。我们要用一切坚定性顽强性持久性去战胜这个敌人。我们这样做就一定能够最后的战胜这个敌人。最后的胜利是我们的，英勇奋斗的红军万岁！

毛泽东

# 毛泽东与秋收起义的部分同志合影的题照

一九二七秋收暴动成立工农革命军第一军第一师，至今尚存之人约数十人，此为一部分。

一九三七年
庚月



# 为抗大建筑校舍的题词

一九三七年十月二十三日

听说你们建筑校舍的劳动热忱很高，开始表现了成绩，这是很好的。这将给你们一个证明：在共产党与红军面前一切普通所谓困难是不存在的，是严重的困难也能克服，红军在世界上是无敌的。

毛泽东
十月二十三日

## 为《国防卫生》杂志的题词

一九三七年

增进医学水平，这个刊物是有益的。

毛泽东





## 为国民党中央考察团记者的题词

一九三八年一月

国民党员共产党员兄弟一般的团结起来，为抗日救国而斗争，达到民族独立民主自由民主幸福之目的，是今日惟一无二之任务。

毛泽东

## 为梁毅的题词

一九三八年三月二十三日

中国具备优越的基础，就是要把他们组织起来，这首先是组织全国的人民，抗战胜利实系于此。

梁毅同志

毛泽东

三月廿三日



## 为施方白的题词

一九三八年五月十二日

中国目前阶段一定要完成民族民主革命，即彻底战胜日寇与建立新的民主共和国。中国将来阶段一定要完成社会主义革命，即实现更进步的更完满的社会主义共和国。完成这两个革命都要坚持统一的战线政策，只有好好团结一切革命势力于统一战线里面，才能达到的。

敬赠施方白先生

毛泽东

一九三八年五月十二日

## 为抗大四期开学的题词

一九三八年五月二十一日

学好本领，好上前线去。

毛泽东
五月廿一日

## 为《论持久战》书名的题字

一九三八年五月

论持久战



第三时期·题词题字

## 为陕甘宁边区《边区儿童》创刊号的题词

一九三八年六月

儿童们起来，学习做一个自由解放的中国国民，学习从日本帝国主义压迫下争取自由解放的方法，把自己变成新时代的主人翁。

毛泽东

## 为抗大的题词

一九三八年六月

坚定不移的政治方向，艰苦奋斗的工作作风，机动灵活的战略战术，用以驱逐日本帝国主义，建设新中国。

毛泽东



第三时期·题词题字

## 为抗大四期毕业同学的题词

一九三八年八月五日

继续努力，以求贯彻。

给抗大四期毕业同学。

毛泽东

## 为吴伯箫的题词

一九三八年九月

努力奋斗

毛泽东

## 题《中共扩大六中全会》

一九三八年十月

中共扩大的六中全会

## 为杨兰史的题词

一九三八年十月

哀悼我们教育战线上的勇士。杨兰史同志永远不死。

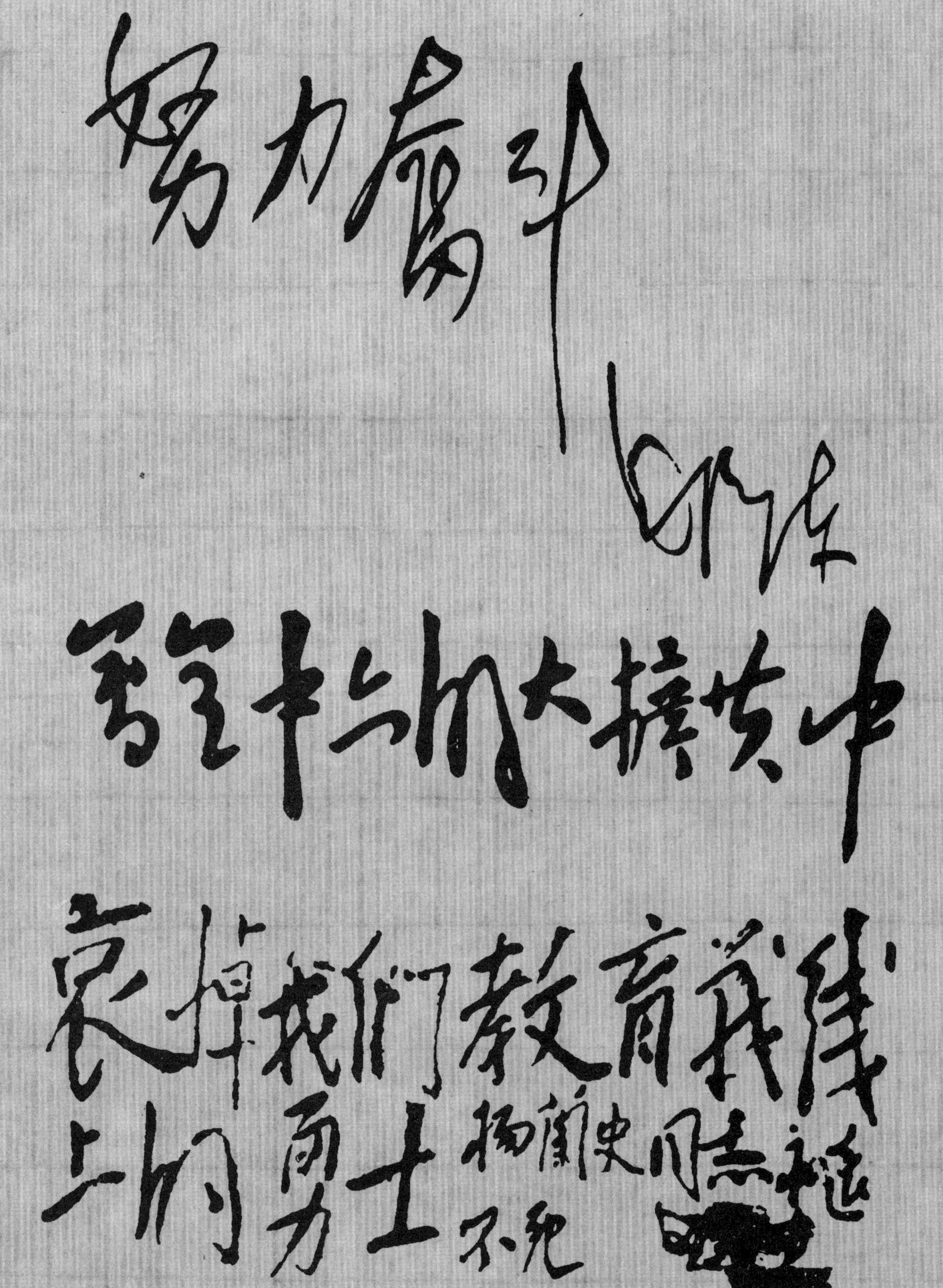



## 为西北青年救国联合会第二次代表大会的题词

一九三八年十一月

努力前进，打日本，救中国。

毛泽东

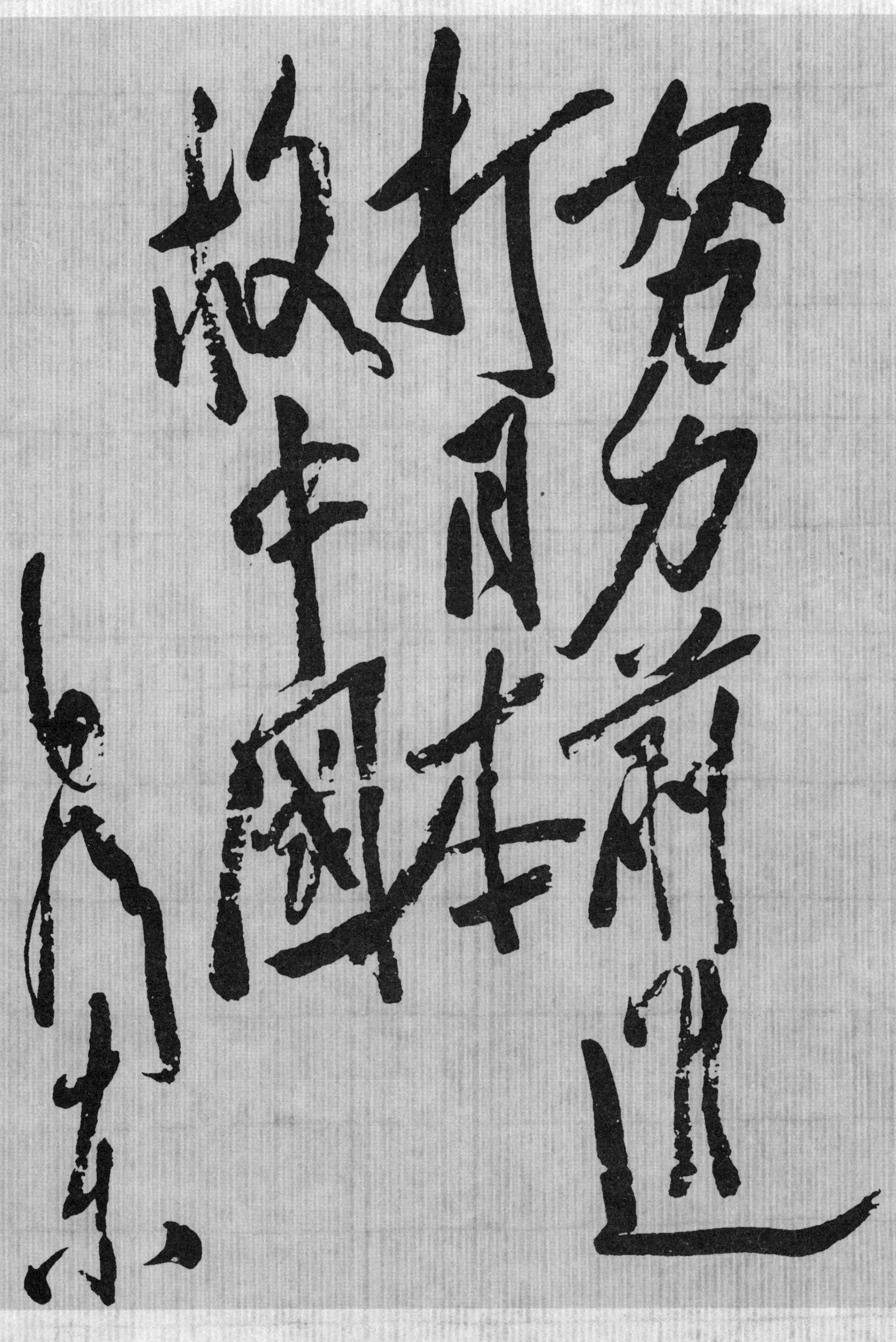

## 为延安《解放》周刊纪念抗战一周年的题词

一九三八年

坚持抗战，坚持持久战，坚持统一战线，最后胜利必然是中国的。

毛泽东

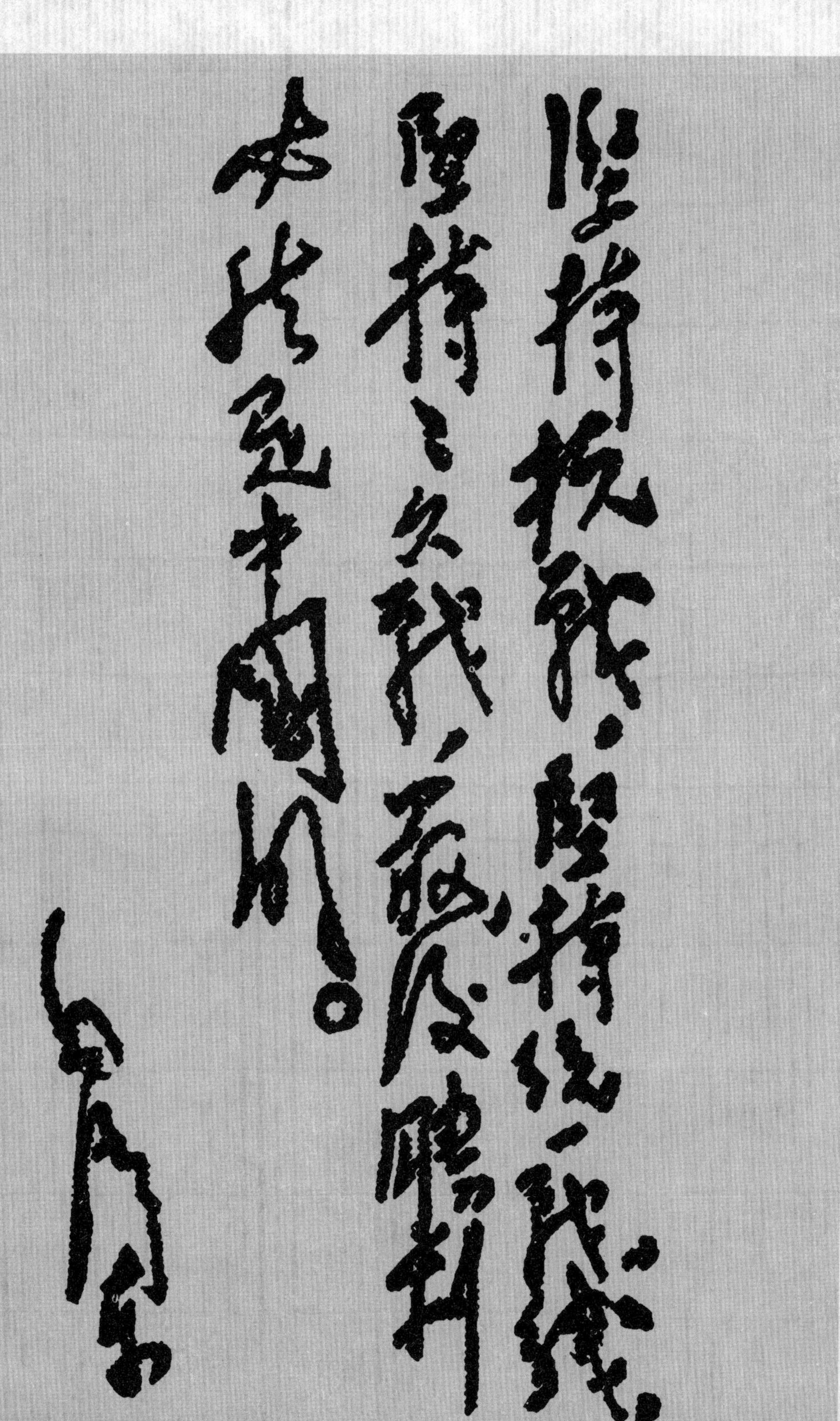



第三时期·题词题字

## 为艾生的题词

一九三八年

努力学习，切实学习，不学好不放手，这是青年的首要任务。

毛泽东

艾生同志

## 为鲁艺题写校名

一九三八年

鲁迅艺术文学院



第三时期·题词题字

## 为延安《中国文化》的题词

一九三八年

延安文化界活动起来，为战胜日本帝国主义，建设新民族文化而奋斗。

毛泽东

**为《八路军军政》杂志创刊的题词**

一九三九年一月

停止敌人的进攻，
准备我们的反攻！

毛泽东



第三时期·题词题字

**为延安《新中华报》的题词**

一九三九年二月七日

把新中华报造成抗
战的一支生力军。

毛泽东

## 为陈醒民的题词

一九三九年四月十八日

不怕困难，不怕挫折，坚持奋斗，努力学习，就能获得进步与成功！

毛泽东



## 为抗大的题词

一九三九年四月十九日

知识分子之成为革命的，或不革命的，或反革命的分界，看其是否愿意并且实行结合工农民众，他们的分界仅仅在这一点。

毛泽东

四月十九日

## 为延安《新中华报》的题词

一九三九年四月

为消灭文盲而斗争！

毛泽东





## 为延安出版的《中国妇女》杂志的题词

一九三九年七月

妇女解放，突起异军，两万万众，奋发为雄。男女并驾，如日方东，以此制敌，何敌不倾。到之之法，艰苦斗争，世无难事，有志竟成。有妇人焉，如旱望云，此编之作，伫看风行。

题《中国妇女》之出版

毛泽东

## 为蒋灿的题词

一九三九年七月

精神一到何事不成，抗日战争中人人努力，个个奋进，打上十年八年没有不能胜利的道理。

为蒋灿先生书

毛泽东





## 为韩忠良的题词

一九三九年九月

向光明大道前进，艰苦奋斗，胜利是属于我们的。

毛泽东

## 为新四军第四师《拂晓报》的题词

一九三九年九月

坚持游击战争

毛泽东

## 为《共产党人》杂志的题字

一九三九年十月

共产党人



第三时期·题词题字

## 为延安世界语协会展览会的题词

一九三九年十二月九日

我还是这一句话：如果以世界语为形式，而载之以真正国际主义之道，真正革命之道，那末，世界语是可以学的，是应该学的。

毛泽东

十二月九日

## 为《陕甘宁边区实录》一书的题词

一九三九年十二月

边区是民主的抗日根据地，是实施三民主义最彻底的地方。

毛泽东

## 为悼念白求恩的题词

一九三九年十二月

救死扶伤，实行革命的人道主义。

毛泽东





第三时期·题词题字

## 为抗大开展生产运动的题词

一九三九年

现在一面学习，一面生产，将来一面作战，一面生产，这就是抗大的作风，足以战胜任何敌人的！

毛泽东

## 为延安《团结》杂志的题词

一九三九年

团结战胜一切

毛泽东

## 为《新民主主义论》一书的题词

一九四〇年一月

新民主主义论

毛泽东

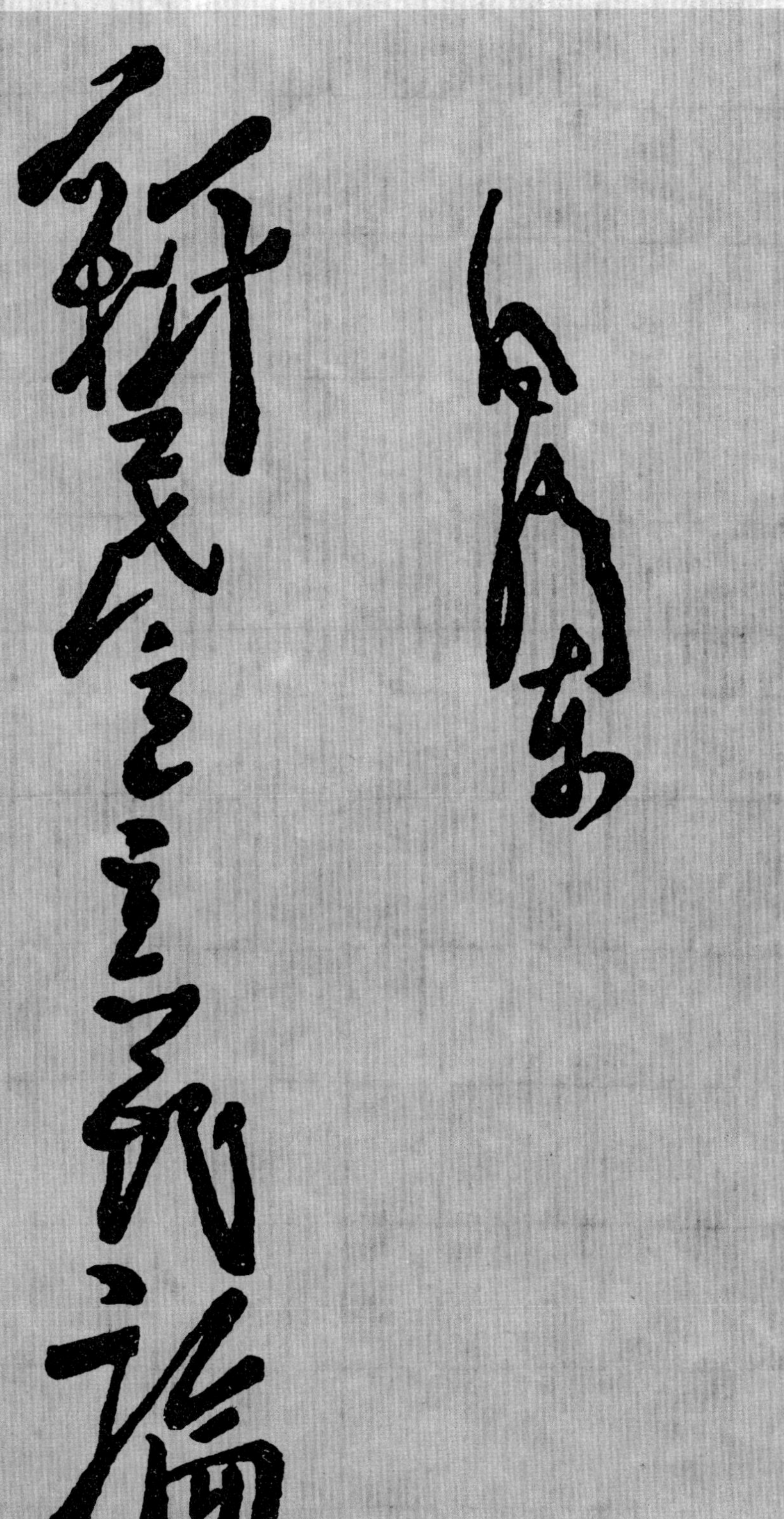



## 为延安《新中华报》的题词

一九四〇年二月

抗战团结进步，三者不可缺一。

毛泽东

## 为儿童节的题词

一九四〇年四月

天天向上

毛泽东

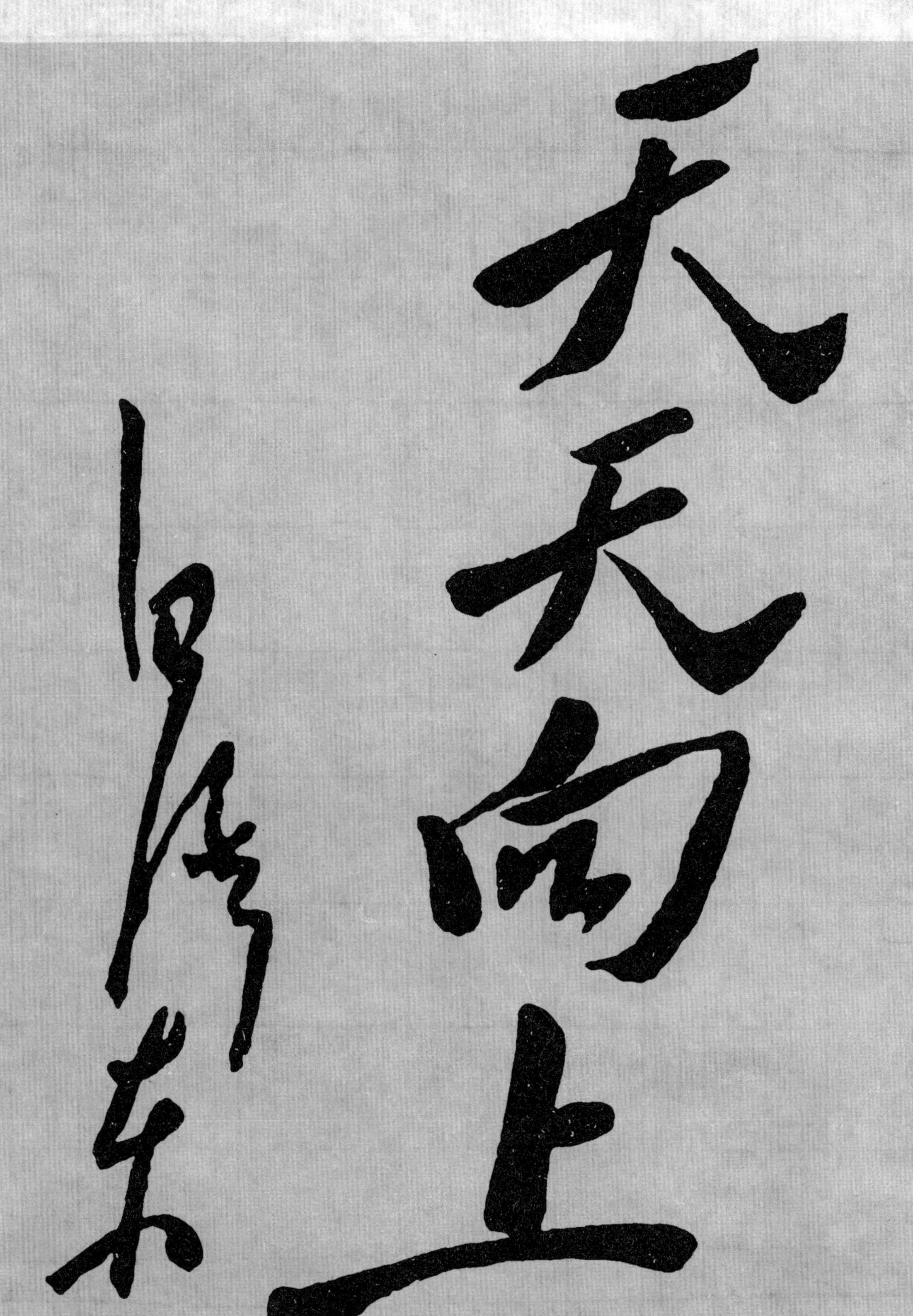



第三时期·题词题字 

## 为『五四』青年节的题词

一九四〇年五月

目前中国青年的惟一任务就是打胜日本帝国主义。

毛泽东

## 为『美洲华侨日报』创刊的题词

一九四〇年七月

起来，为中华民族的独立自由而奋斗到底。

毛泽东

## 为八路军卫生材料厂的题词

一九四〇年

制药疗伤，不怕封锁，是战胜敌人的条件之一。

毛泽东

## 为延安『泽东青年干部学校』王仲方等青年的题词

一九四一年

肯学肯干，又是革命的，必定是有益的，必定是有前途的。

毛泽东



## 为护士节的题词

一九四一年

护士工作有很大的政治重要性

毛泽东

**为延安中国医科大学的题词**

一九四一年

救死扶伤，实行革命的人道主义。

毛泽东



**为《八路军军政》杂志创刊三周年的题词**

一九四二年四月

准备反攻

毛泽东

**为『三八』国际劳动妇女节的题词**

一九四二年三月

深入群众，不尚空谈。

毛泽东



**为延安平剧研究院成立的题词**

一九四二年十月

推陈出新

毛泽东

为拍《南泥湾》影片的题词

一九四二年

自己动手，丰衣足食。

毛泽东

为生产英雄何维忠的题词

一九四三年一月

切实朴素，大公无私。

为何维忠同志题

毛泽东

为生产英雄杨林的题词

一九四三年一月

坚决执行党的政策

赠杨林同志

毛泽东

**为延安枣园中央俱乐部的题词**

一九四三年

为群众服务

毛泽东



**为刘志丹烈士纪念碑的题词**

一九四三年

群众领袖，民族英雄。

纪念刘志丹同志

毛泽东

**为特等劳动英雄钱志道的题词**

一九四四年五月

热心创造

为钱志道同志书

毛泽东

## 为悼念邹韬奋逝世的题词

一九四四年十一月十五日

热爱人民，真诚地为人民服务，鞠躬尽瘁，死而后已，这就是邹韬奋先生的精神，这就是他之所以感动人的地方。

毛泽东

一九四四年十一月十五日



## 两次为中央直属机关群众代表大会奖状上的题字

一九四四年十二月

模范工作者

毛泽东

劳动英雄

毛泽东

## 为建立晋冀鲁豫烈士陵园的题词

一九四五年

英勇牺牲的烈士们千古！
无上光荣

毛泽东



## 在重庆政治协商会议开幕时的题词

一九四六年一月

为和平民主团结统一奋斗！

毛泽东

## 为『四八』殉难烈士的题词

一九四六年四月

为人民而死，虽死犹荣。

毛泽东



第三时期・题词题字

## 给中共葭县县委的题词

一九四七年九月

站在最大多数劳动人民的一面。

毛泽东

**关于新民主主义革命时期总路线和总任务的题词**

一九四八年四月

无产阶级领导大众的，反对帝国主义、封建主义、官僚主义的革命。

毛泽东

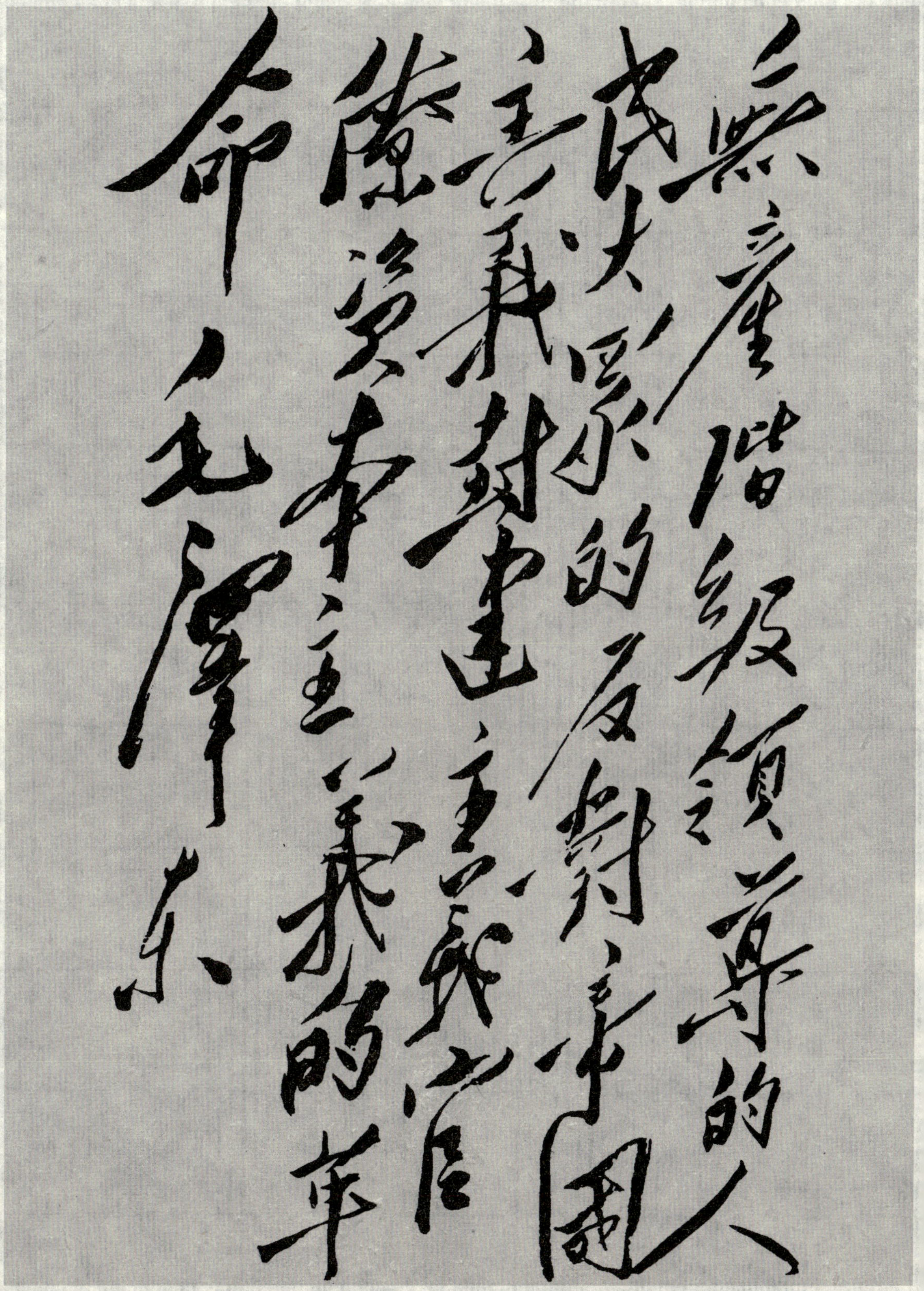

**为叶挺之子叶正明的题词**

一九四六年一月

星星之火，可以燎原。

毛泽东

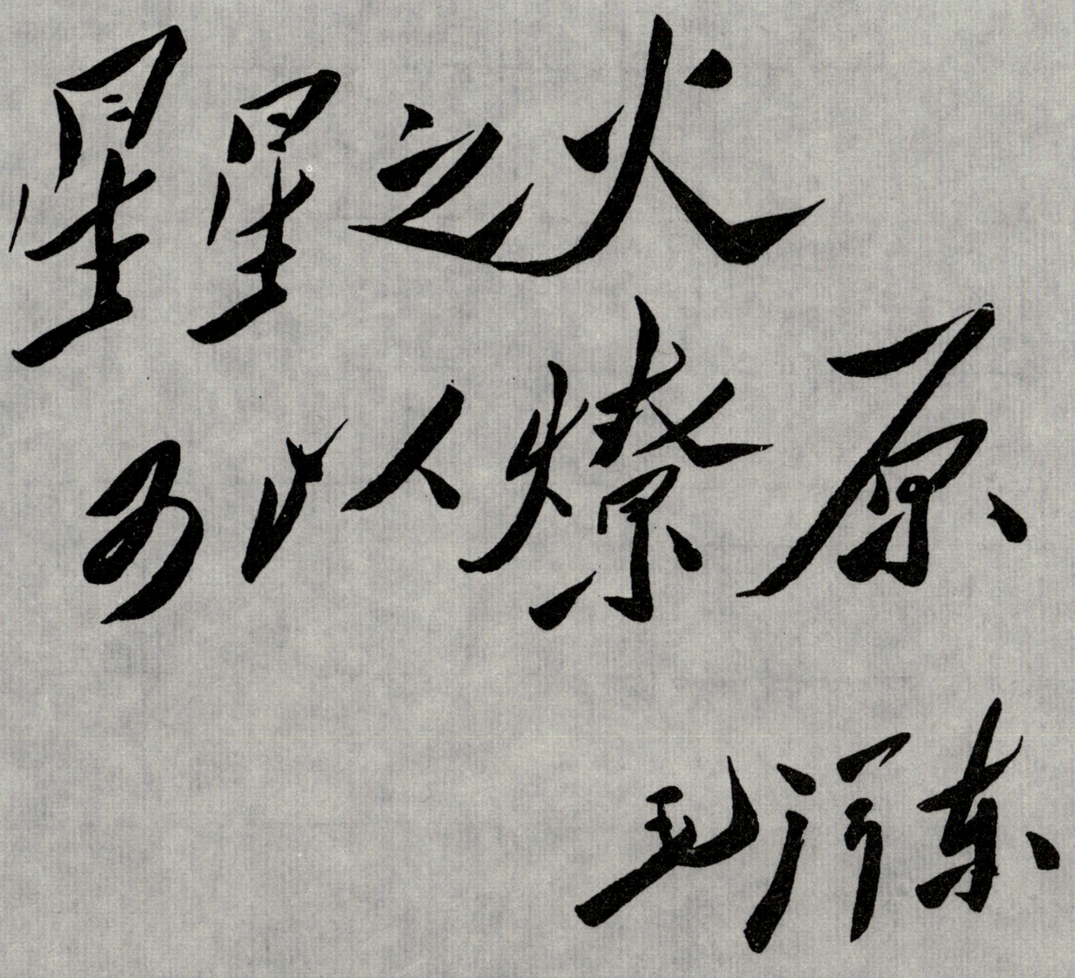

**为《人民日报》报头的题字**

一九四八年七月

人民日报

为《中国青年》杂志的题词

一九四八年十月

中国青年

毛泽东

中国青年

中国青年

中国青年

为《中国儿童》杂志创刊号的题词

一九四九年九月十日

好好学习

毛泽东

好好学習

毛泽东

## 为《人民文学》创刊号的题词

一九四九年九月二十三日

希望有更多好作品出世。

毛泽东

## 为济南英雄山革命烈士纪念塔的题词

一九四九年六月

革命烈士纪念塔

毛泽东

## 为《新华月报》创刊号的题词

一九四九年九月二十九日

爱祖国，爱人民，爱劳动，爱护公共财产，为全体国民的公德。

毛泽东


第三时期·题词题字

## 为《新建设》杂志创刊号的题词

一九四九年九月二十九日

随着经济建设的高潮的到来，不可避免地将出现一个文化建设的高潮。中国人被认为不文明的时代已经过去了。我们将以一个具有高度文化的民族出现于世界。

毛泽东

一九四九年九月二十九日

第三时期·题词题字



## 中华人民共和国成立时给侨胞的题词

一九四九年十月一日

侨胞们团结起来，拥护祖国的革命，改善自己的地位。

毛泽东

**为中华全国第一次青年代表大会的题词**

一九四九年

团结各界青年参加新民主主义的建设工作。

毛泽东



第三时期·题词题字

**为《中国人民解放战争三年战绩》一书的题词**

一九四九年

人民的胜利

毛泽东

**题『为人民服务』**

四十年代

为人民服务

毛泽东

## 视察哈尔滨时的题词

一九五〇年二月二十七日

奋斗

毛泽东

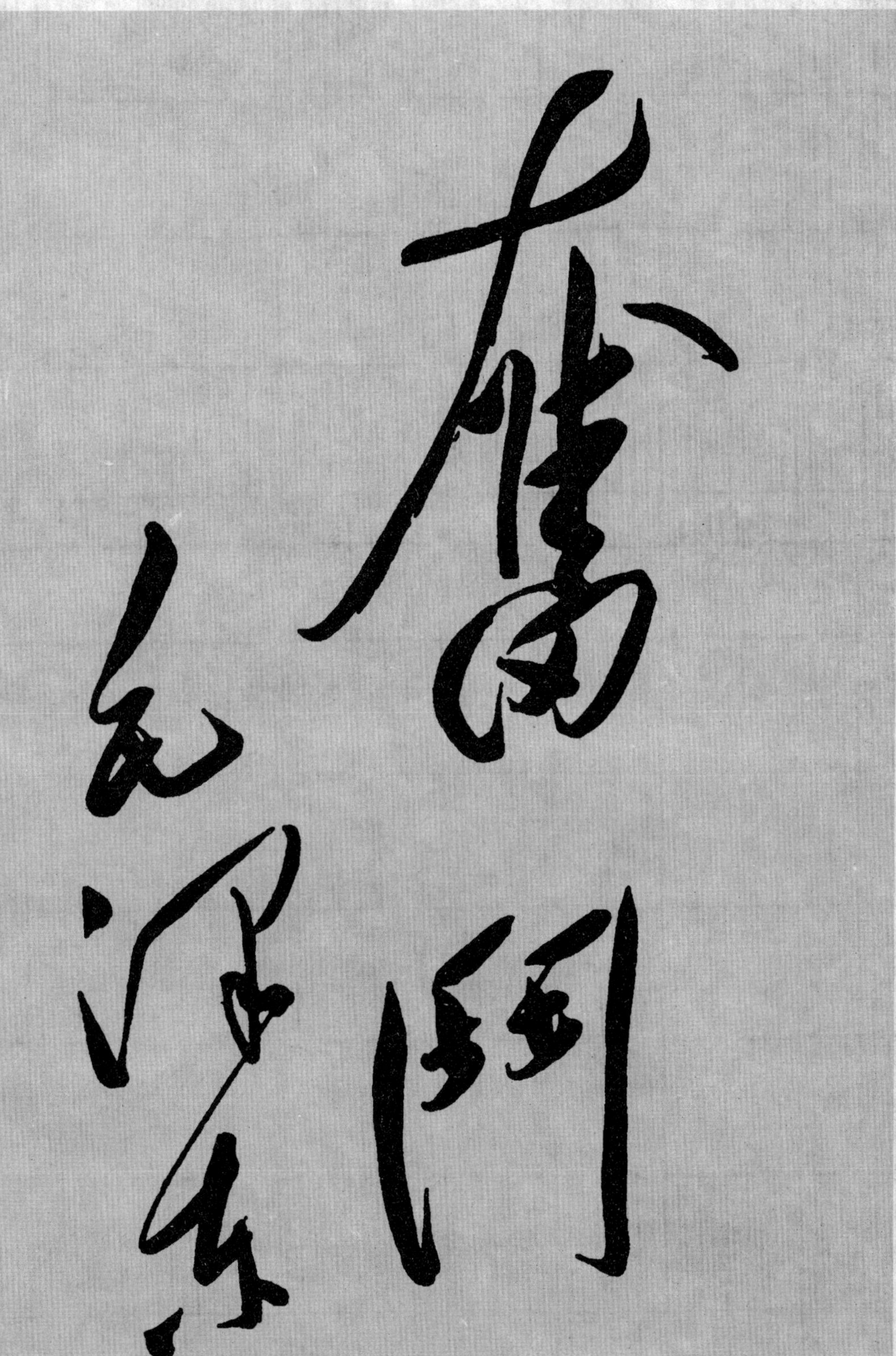

## 给中共松江县委的题词

一九五〇年二月二十七日

不要沾染官僚主义作风。

毛泽东

## 为张挥周的题词

一九五〇年三月十四日

努力进修，老当益壮。

挥周吾兄

毛泽东

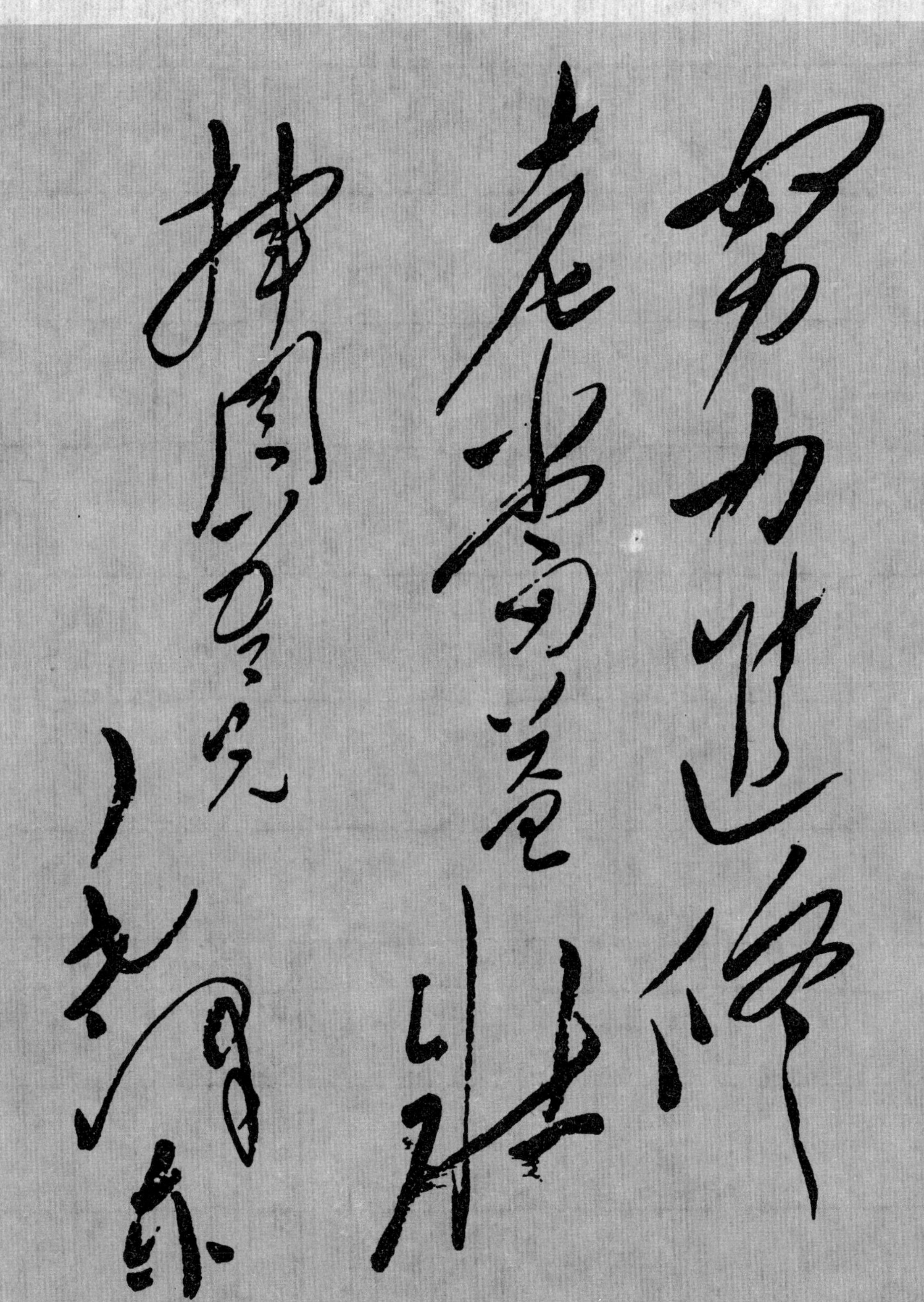

## 为《北大周刊》的题词

一九五〇年四月二十一日

祝贺“五四”三十一周年，团结起来，为建设新中国而奋斗！

毛泽东

## 为《人民教育》创刊号的题词

一九五〇年四月

恢复和发展人民教育是当前重要任务之一。

毛泽东



## 为中央民族访问团的题词

一九五〇年

中华人民共和国各民族团结起来！

毛泽东

第四时期·题词题字

**为一届全国政协第二次会议开幕的题字**

一九五〇年六月十四日

开幕词

毛泽东

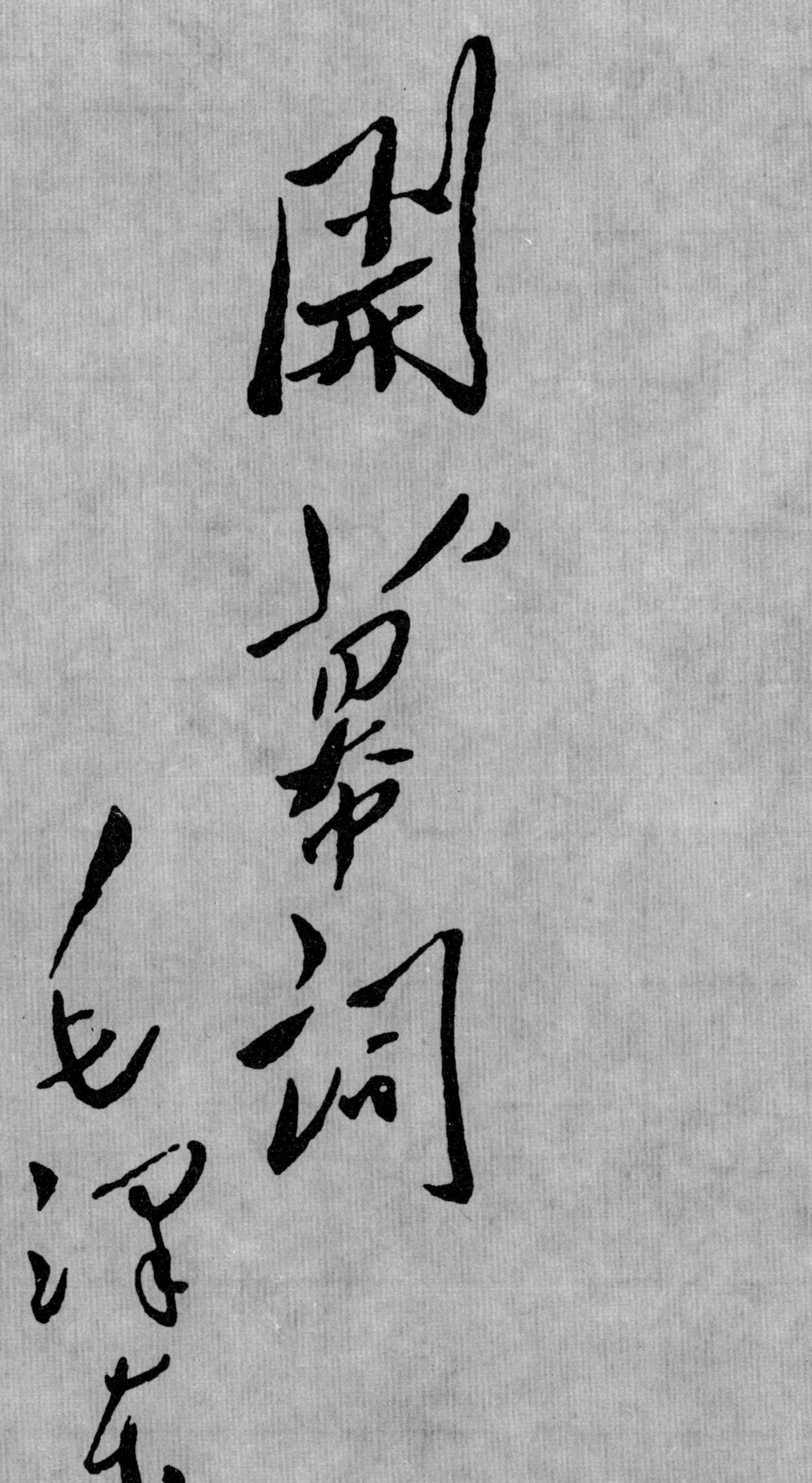





**为《美洲华侨日报》创刊十周年的题词**

一九五〇年七月

为保卫祖国、拥护世界和平而奋斗！

毛泽东

第四时期·题词题字

## 为解放军首次全军保卫工作会议的题词

一九五〇年十一月

保卫工作十分重要，必须尽力加强之。

毛泽东





## 为《瞿秋白文集》的题词

一九五〇年十二月三十一日

瞿秋白同志死去十五年了。在他生前，许多人不了解他，或者反对他，但他为人民工作的勇气并没有挫下来。他在革命困难的年月里坚持了英雄的立场，宁愿向刽子手的屠刀走去，不愿屈服。他的这种为人民工作的精神，这种临难不屈的意志和他在文字中保存下来的思想，将永远活着，不会死去。瞿秋白同志是肯用脑子想问题的，他是有思想的。他的遗集的出版，将有益于青年人，有益于人民

的事业，特别是在文化事业方面。

毛泽东

一九五〇年十二月三十一日

場，寧願向劊子手的屠刀走去，不願屈服。他的這種為人民工作的精神，這種臨難不屈的意志和他在文字中保存下來的思想，將永遠活着，不會死去。瞿秋白同志是肯用腦子想問題的，他是有思想的。他的

遺集的出版，將有益於青年們，有益於人民的事業，特別是在文化事業方面。

毛澤东

一九五〇年十二月三十一日

## 为中国人民解放军军事学院成立的题词

一九五一年一月十五日

努力学习，保卫国防。

毛泽东





第四时期·题词题字

## 为《任弼时同志逝世纪念册》的题词

一九五一年八日

任弼时同志的革命精神永垂不朽！

毛泽东

**为革命老根据地人民的题词**

一九五一年

发扬革命传统，争取更大光荣。

毛泽东

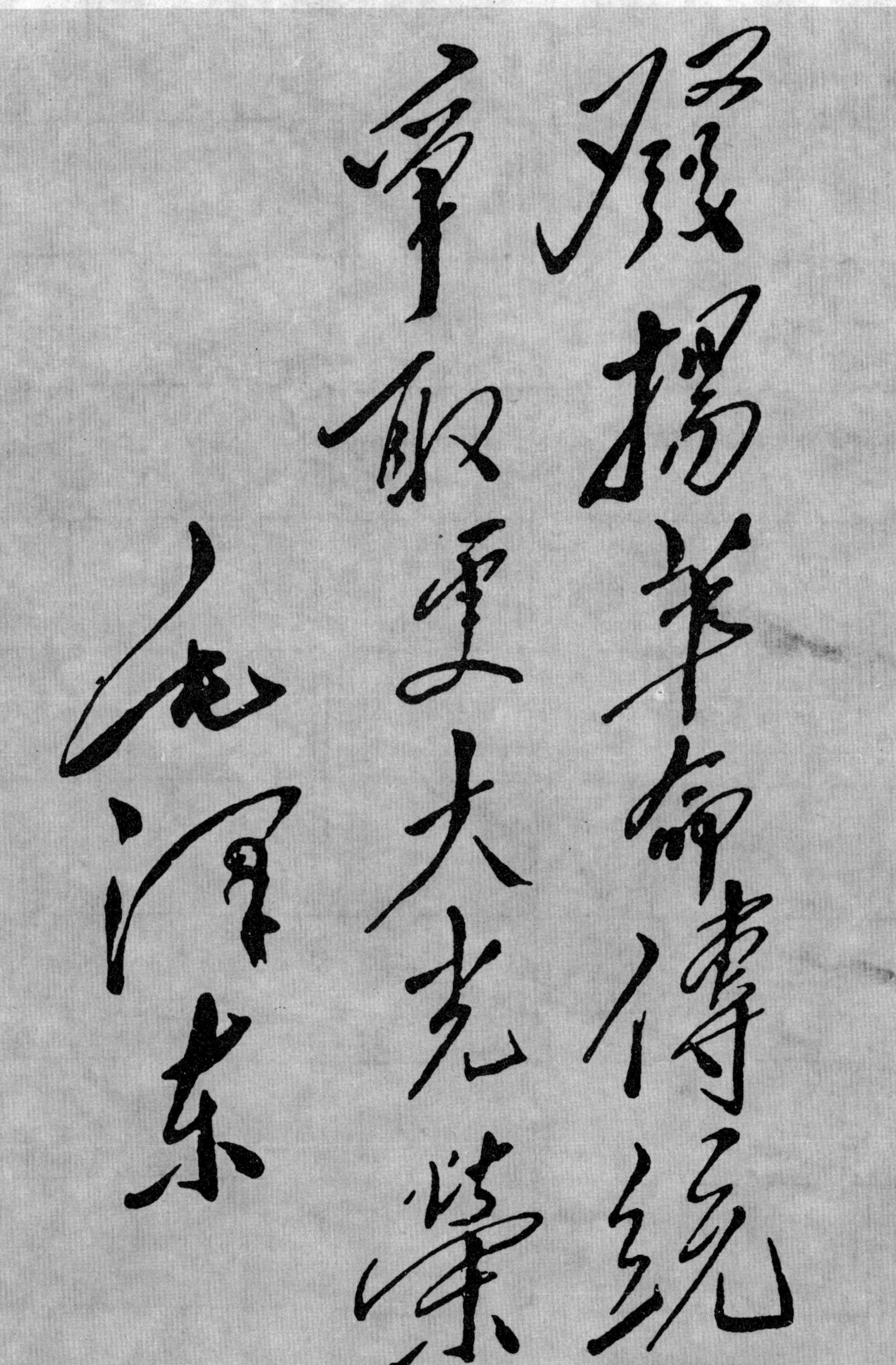



**为复旦大学题写的校名**

一九五一年

复旦大学

**为人民出版社题字**

一九五二年

人民出版社

## 为中共中央办公厅工作人员的题词

一九五二年四月

一面工作，一面学习，注意业务，又注意政治。

毛泽东

一面工作
一面学习
注意业务
又注意政治
毛泽东

第四时期·题词题字



## 为中华全国体育总会成立大会的题词

一九五二年六月二十日

发展体育运动，增强人民体质。

毛泽东

发展体育运动
增强人民体质
毛泽东

## 为第二届全国卫生工作会议的题词

一九五四年十二月

动员起来，讲究卫生，减少疾病，提高健康水平，粉碎敌人的细菌战争。

毛泽东

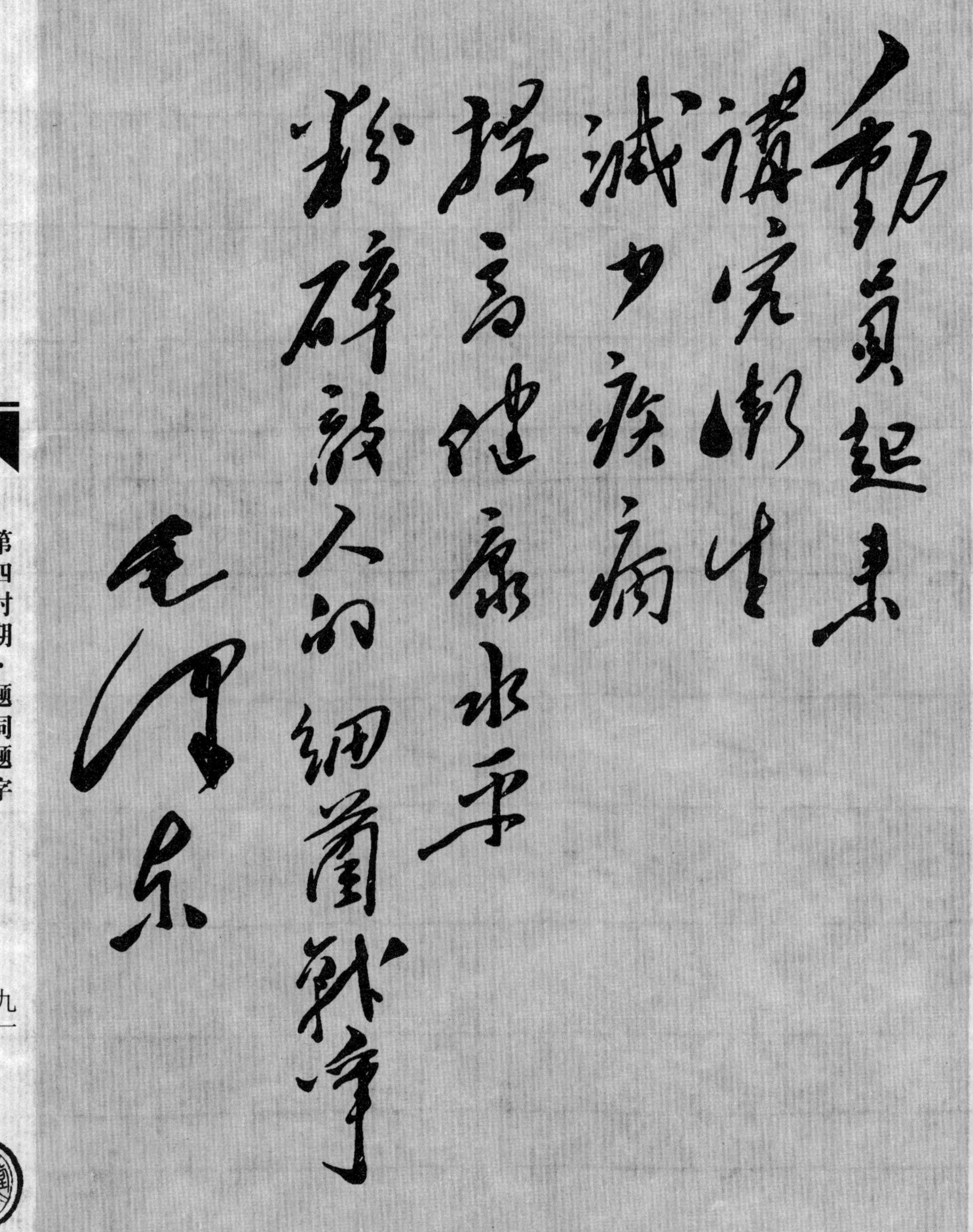





## 为公安部队首届功臣模范代表大会的题词

一九五三年八月

提高警惕，保卫祖国。

毛泽东

**为庆祝康藏、青藏公路通车的题词**

一九五四年十二月

庆贺康藏、青藏两公路的通车，巩固各民族人民的团结，建设祖国！

毛泽东

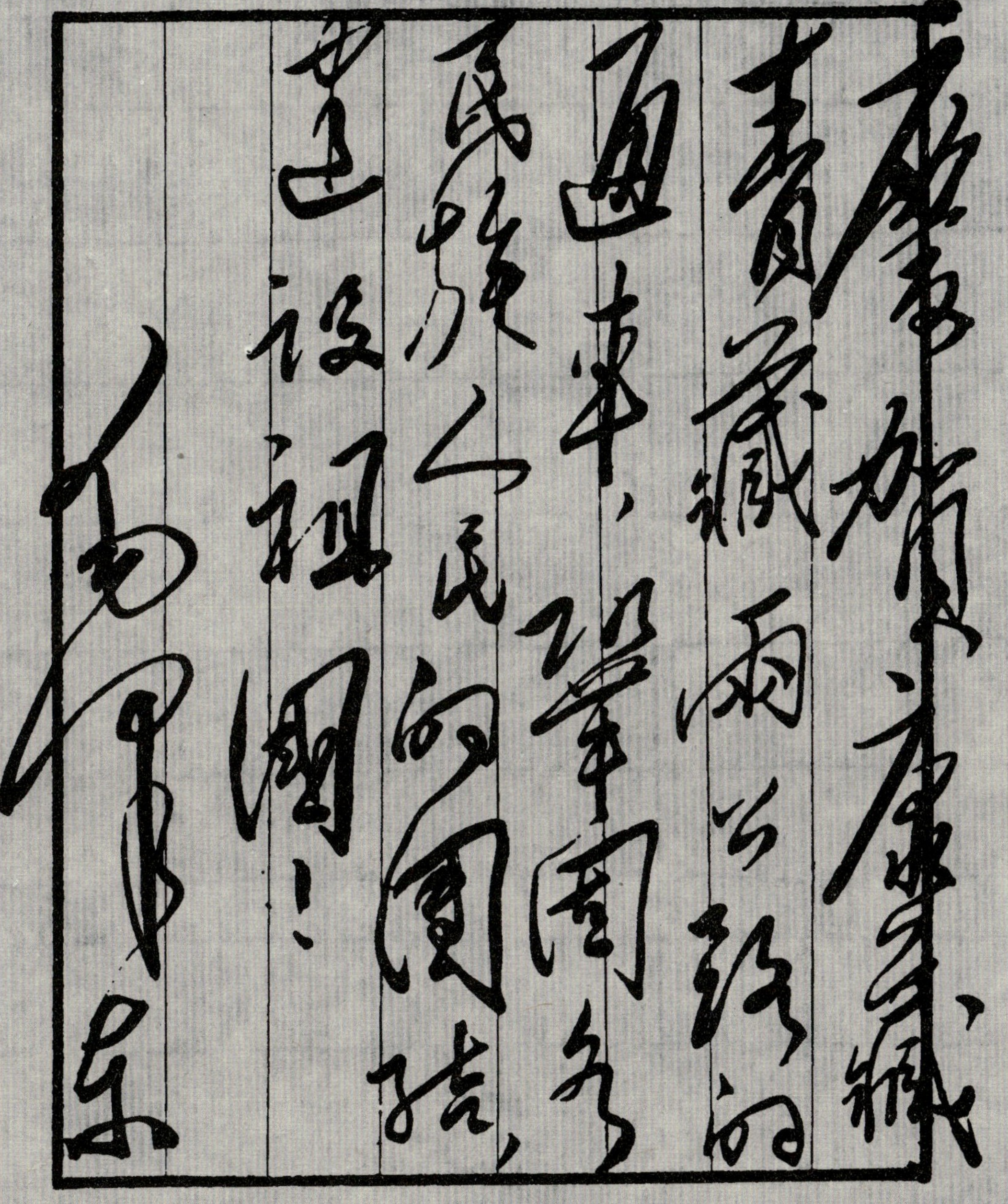

**为天安门广场人民英雄纪念碑的题词**

一九五五年六月九日

人民英雄永垂不朽！

毛泽东

一九五五年五月九日

## 为鲁迅先生迁葬墓碑题

一九五六年

鲁迅先生之墓

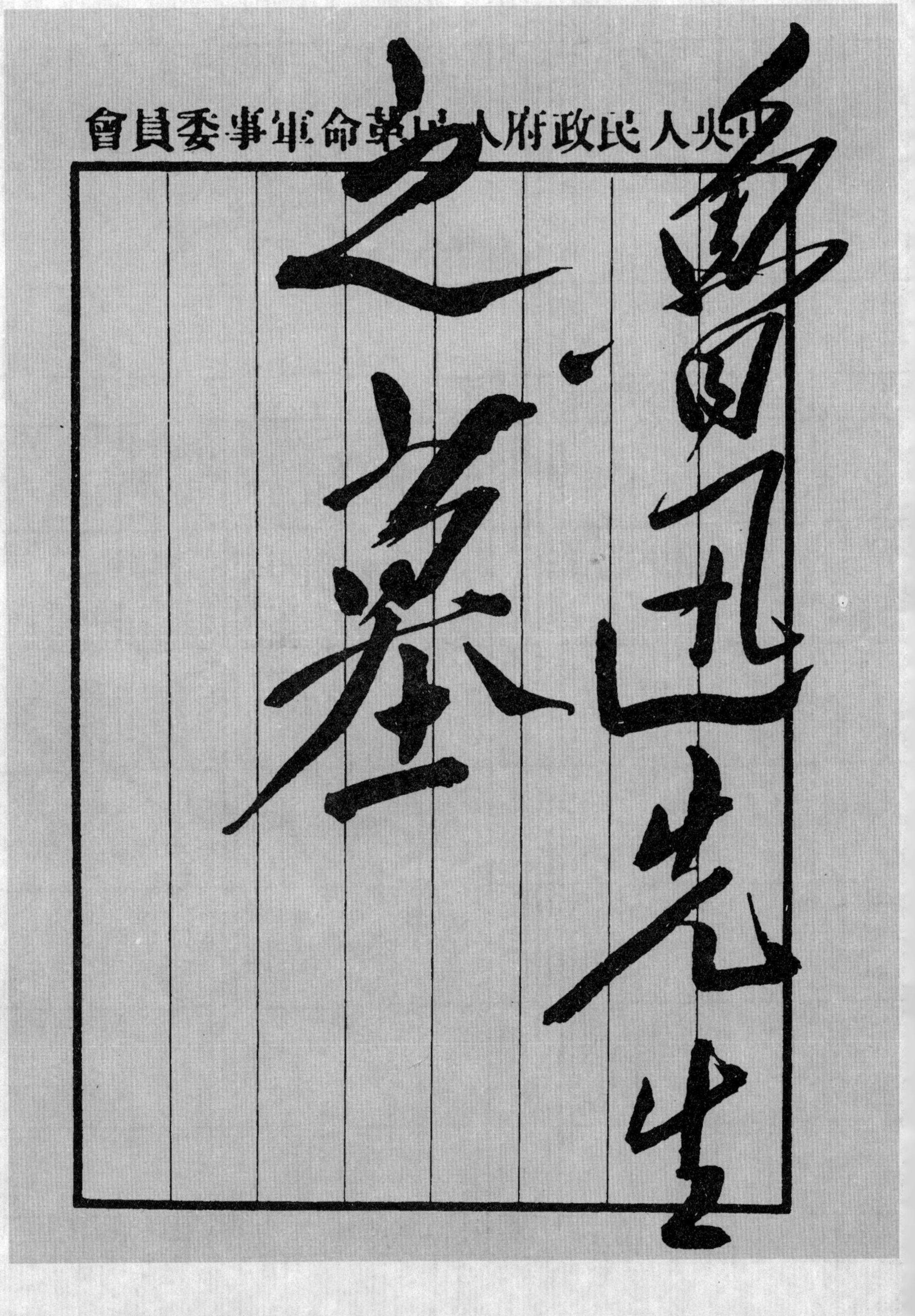

中央人民政府人民革命軍事委員會

鲁迅先生之墓



## 为刘胡兰烈士陵园重写的题词

一九五七年

生的伟大，死的光荣。

毛泽东

生的伟大
死的光荣
毛泽东题

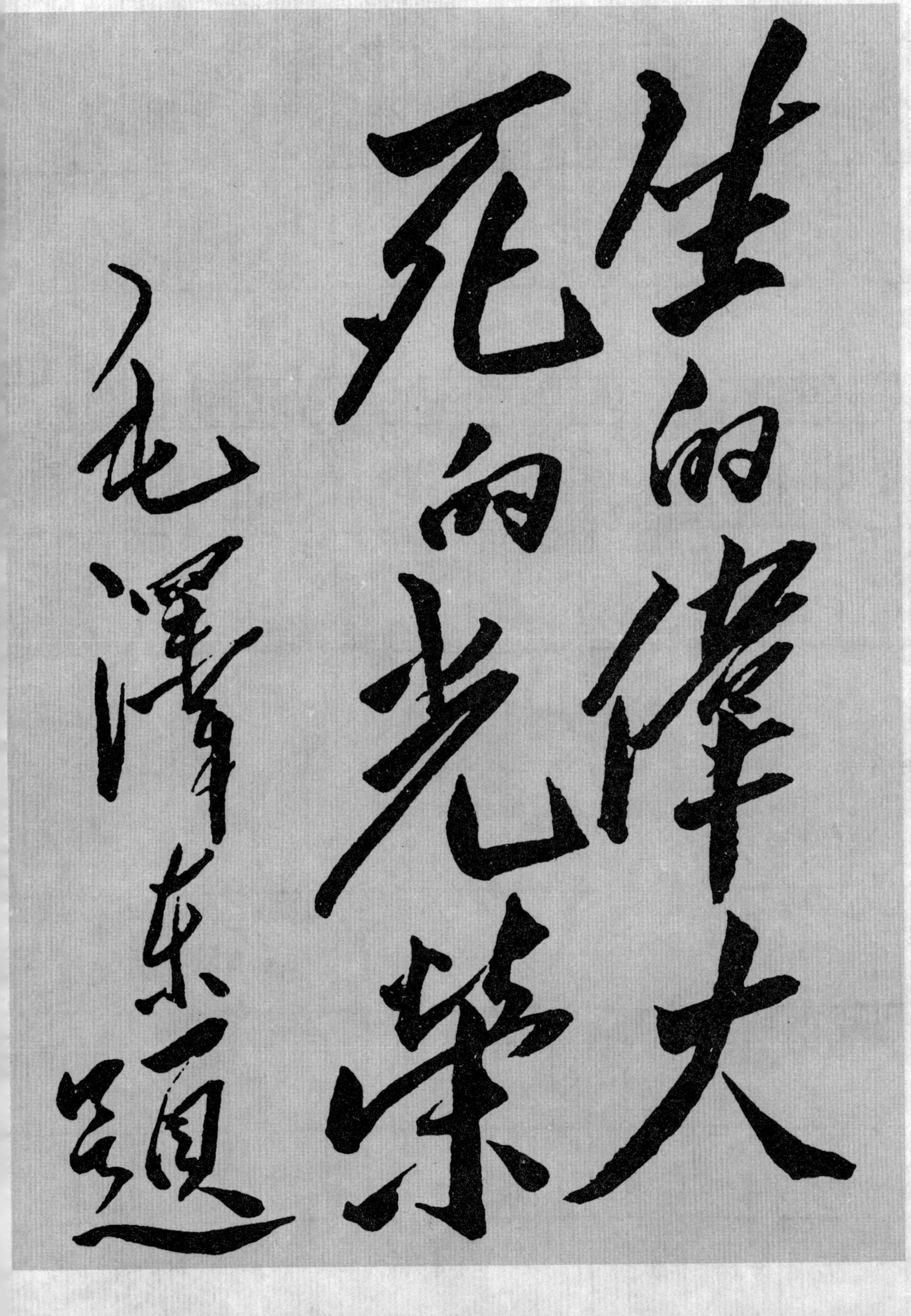

## 为《红旗》杂志题写的刊名

一九五八年五月

红旗



## 为红线女的题词

一九五八年二月一日

横眉冷对千夫指，
俯首甘为孺子牛。
——鲁迅

## 为人民大会堂傅抱石、关山月所绘画题

一九五九年

江山如此多娇

## 为中共中央办公厅工作人员题

一九六〇年十月八日

艰苦朴素


第四时期·题词题字

## 为杨颖的题词

一九六〇年十二月二十五日

实事求是，努力为人民服务。

毛泽东

## 为日本访华朋友的题词

一九六一年十月七日

万家墨面没蒿莱，敢有歌吟动地哀。心事浩茫连广宇，于无声处听惊雷。

鲁迅诗一首

毛泽东

一九六二年十月七日书赠日本访华的朋友们。

## 为《中国青年》编辑部之请的题词

一九六三年二月

向雷锋同志学习。

毛泽东

为《解放军报》题写的刊名

一九六四年七月

解放军报

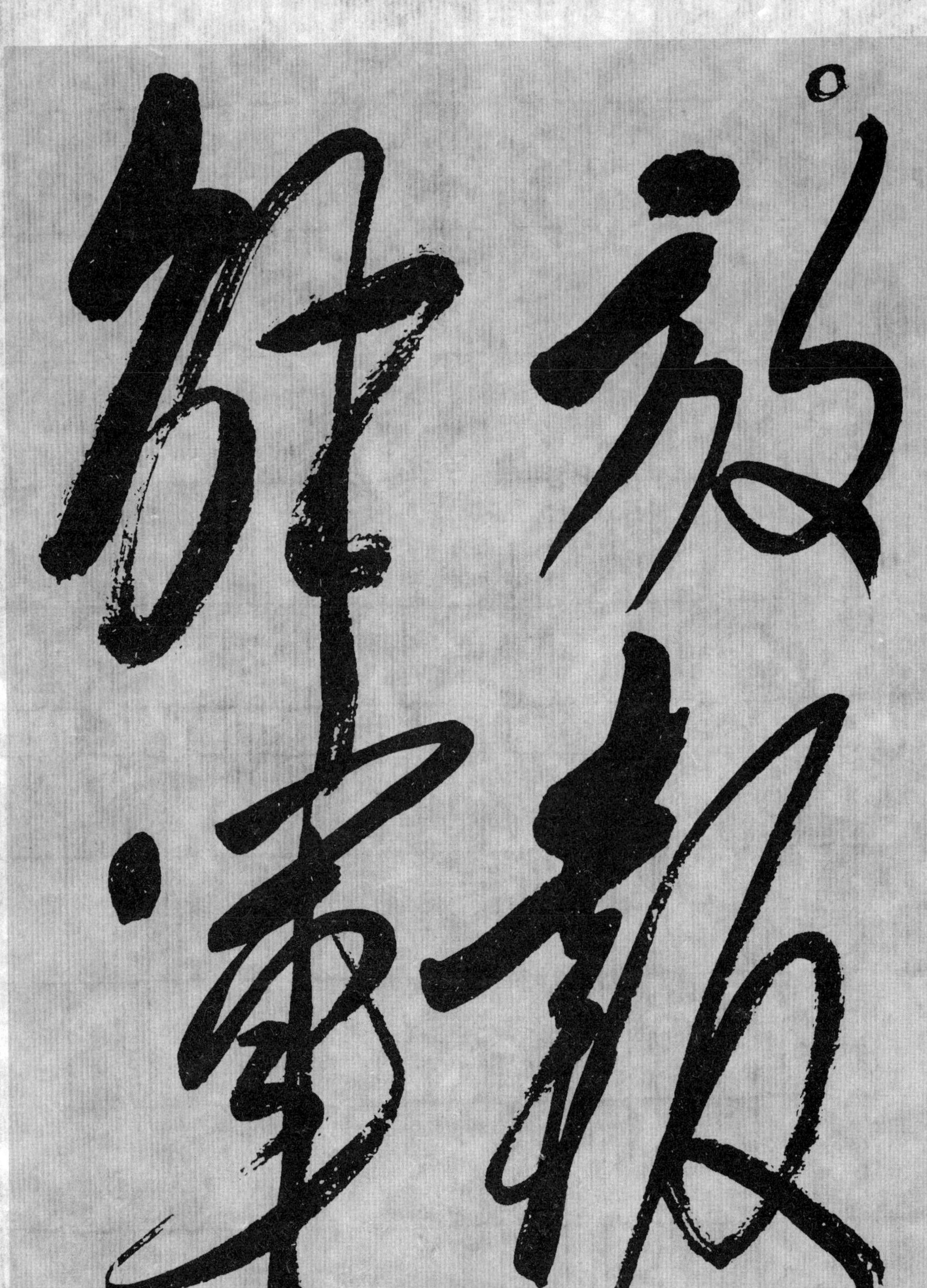





为《北京日报》题写的报头

一九六四年九月二十五日

北京日报

北京日報

为《北京晚报》题写的报头

一九六四年九月二十五日

北京晚报

北京晚報

## 为中央广播事业局的题词

一九六五年九月二十五日

努力办好广播，为全中国人民和全世界人民服务。

毛泽东

努力办好广播为全中国人民和全世界人民服务。
毛泽东



## 为人民大会堂工作人员的题词

一九六六年二月二十四日

要注意用批评与自我批评的方法去分析自己和对待人民内部的矛盾。

一九六六年二月二十四日

要注意用批评与自我批评的方法去分析自己和对待人民内部的矛盾。
1966
2月24日

为《光明日报》题写的报头

一九六七年一月

光明日报

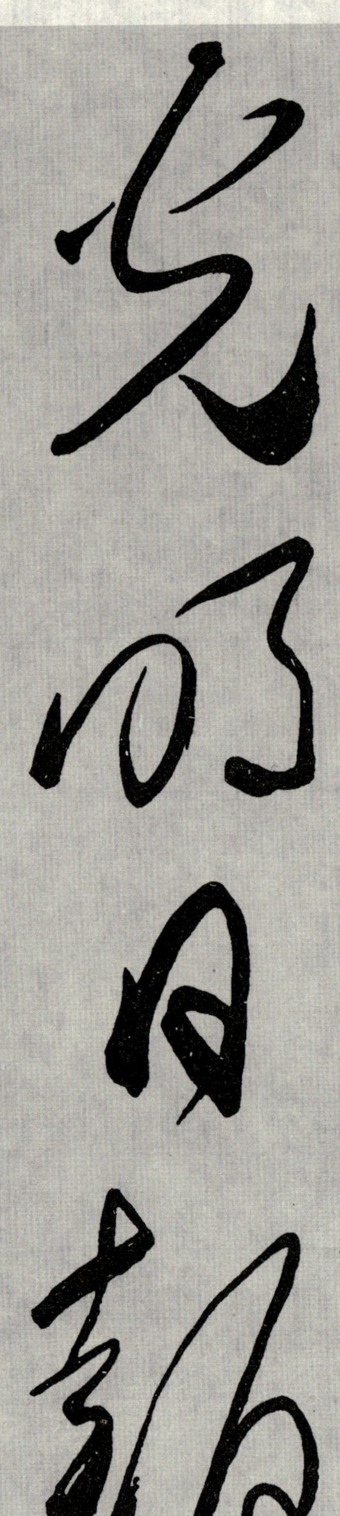